T² 1251
2

VOYAGES
DE
GULLIVER.
TOME SECOND.

A PARIS,
Dans la boutique de la V. Coustelier,
chés Jacques Guerin,
Quay des Augustins.

―――――――

M. DCC. XXVII.
AVEC PRIVILEGE DU ROY.

TABLE
DES CHAPITRES
DU SECOND TOME.

III. PARTIE.

CHAP. I. *L'Auteur entreprend un troisiéme Voyage. Il est pris par des Pirates. Méchanceté d'un Hollandois. Il arrive à Laputa.* pag. 1.

CHAP. II. *Caractere des Laputiens, idée de leurs sçavans, de leur Roy, & de sa Cour. Reception qu'on fait à l'Auteur. Les craintes & les inquiétudes des Habitans. Caractere des femmes Laputiennes.* 14

CHAP. III. *Phenoméne expliqué par les Philosophes & Astronomes mo-*

* ij

TABLE DES CHAPITRES.

dernes. Les Laputiens *sont grands Astronomes. Comment le Roy appaise les séditions.* 27

CHAP. IV. *L'Auteur quitte l'Isle de Laputa, & est conduit aux Balnibarbes. Son arrivée à la Capitale. Description de cette Ville & des environs. Il est reçû avec bonté par un Grand Seigneur.* 34

CHAP. V. *L'Auteur visite l'Academie, & en fait ici la description.* 47

CHAP. VI. *Suite de la description de l'Academie.* 57

CHAP. VII. *L'Auteur quitte Lagado, & arrive à Maldonada. Il fait un petit voyage à Glubbdubdrib. Comment il est reçû par le Gouverneur.* 68

CHAP. VIII. *Retour de l'Auteur à Maldonada. Il fait voile pour le Royaume de Luggnagg. A son arrivée, il est arrêté & conduit à la Cour. Comment il y est reçû.* 85

TABLE.

CHAP. IX. *Des Struldbrugs ou Immortels.* 94

CHAP. X. *L'Auteur part de l'Isle de Luggnagg, pour se rendre au Japon, où il s'embarque sur un vaisseau Hollandois. Il arrive à Amsterdam, & de-là passe en Angleterre.* 111

IV. PARTIE.

CHAP. I. *L'Auteur entreprend encore un Voyage en qualité de Capitaine de Vaisseau. Son Equipage se révolte, l'enferme, l'enchaîne, & puis le met à terre, sur un rivage inconnu. Description des* Yahous. *Deux* Houyhnhnms *viennent au devant de lui.* 121

CHAP. II. *L'auteur est conduit au logis d'un* Houyhnhnm *: comment il y est reçû. Quelle étoit la nourriture des* Houyhnhnms. *Embarras de l'Auteur pour trouver de quoi se nourrir.* 135

* iij

DES CHAPITRES.

CHAP. III. *L'Auteur s'applique à apprendre bien la langue, & le Houyhnhnm son Maître s'applique à la lui enseigner. Plusieurs Houyhnhnms viennent voir l'Auteur par curiosité. Il fait à son maître un recit succint de ses Voyages.* 148

CHAP. IV. *Idées des Houyhnhnms, sur la vérité & sur le mensonge. Les discours de l'Auteur sont censurés par son maître.* 163

CHAP. V. *L'Auteur expose à son Maître ce qui ordinairement allume la guerre entre les Princes de l'Europe ; il lui explique ensuite comment les Particuliers se font la guerre les uns aux autres. Portrait des Procureurs & des Juges d'Angleterre.* 177

CHAP. VI. *Du luxe, de l'intemperance & des maladies, qui regnent en Europe. Caractere de la Noblesse.* 194

CHAP. VII. *Parallele des Yahous, & des Hommes.* 208

TABLE DES CHAPITRES.

Chap. VIII. *Philosophie & mœurs des Houyhnhnms.* 220

Chap. IX. *Parlement des Houyhnhnms. Question importante agitée dans cette assemblée de toute la Nation ; détail au sujet de quelques usages du Pays.* 229

Chap. X. *Felicité de l'Auteur dans le Pays des Houyhnhnms. Les plaisirs qu'il goûte dans leur conversation : le genre de vie qu'il mene parmi eux. Il est banni du Pays par ordre du Parlement.* 141

Chap. XI. *L'Auteur est percé d'une fléche que lui décoche un Sauvage. Il est pris par des Portugais qui le conduisent à Lisbonne, d'où il passe en Angleterre.* 258

Chap. XII. *Invective de l'Auteur contre les Voyageurs, qui mentent dans leurs Relations. Il justifie la sienne. Ce qu'il pense de la Conquête qu'on voudroit faire des Pays qu'il a découverts.* 278.

Fin de la Table.

Tom. II. Pag. I.

VOYAGES DE GULLIVER:
TROISIE'ME PARTIE.

VOYAGE A LAPUTA,
aux Balnibarbes, à Luggnagg, à Gloubbdoubdrid, & au Japon.

CHAPITRE PREMIER.

L'Auteur entreprend un troisiéme voiage. Il est pris par des Pirates. Méchanceté d'un Hollandois. Il arrive à Laputa.

L n'y avoit que deux ans environ que j'étois chés moi, lorsque le Capitaine *Guill. Robinson*, de la Province de *Cornoüaille*, Capitaine de la *Bonne Espérance*, Vaisseau de trois

cens Tonneaux, vint me trouver. J'avois été autrefois Chirurgien d'un autre Vaisseau dont il étoit Capitaine, dans un Voyage au Levant, & j'en avois été toûjours bien traité. Le Capitaine ayant appris mon arrivée, me rendit une visite, où il me marqua la joie qu'il avoit de me trouver en bonne santé, me demanda si je m'étois fixé pour toûjours, & m'apprit qu'il méditoit un Voyage aux *Indes Orientales*, & comptoit partir dans deux mois. Il m'insinua en même temps que je lui ferois grand plaisir de vouloir bien être le Chirurgien de son Vaisseau; qu'il auroit un autre Chirurgien avec moi & deux Garçons; que j'aurois une double paye, & qu'ayant éprouvé que la connoissance que j'avois de la Mer, étoit au moins égale à la sienne, il s'engageoit à se comporter à mon égard, comme avec un Capitaine en second.

Il me dit enfin tant de choses obligeantes, & me parût un si honnête homme, que je me laissai gagner, ayant d'ailleurs, malgré mes

A LAPUTA, &c.

malheurs passez, une plus forte passion que jamais de voyager. La seule difficulté que je prévoyois, étoit d'obtenir le consentement de ma femme, qu'elle me donna pourtant assés volontiers, en vûë, sans doute, des avantages que ses enfans en pourroient retirer.

Nous mîmes à la voile le 5. d'Août 1706. & arrivâmes au Fort *S. Georges*, le premier Avril 1707. où nous restâmes trois semaines pour rafraîchir nôtre Equipage, dont la plus grande partie étoit malade. Delà nous allâmes vers le *Tonquin*, où nôtre Capitaine résolut de s'arrêter quelque temps, parce que la plus grande partie des marchandises qu'il avoit envie d'acheter, ne pouvoit lui être livrée que dans plusieurs mois. Pour se dédommager un peu des frais de ce retardement, il acheta une Barque chargée de differentes sortes de marchandises, dont les *Tonquinois* font un commerce ordinaire avec les Isles voisines, & mettant sur ce petit Navire quarante hommes, dont il y en

A ij

avoit trois du Païs, il m'en fit Capitaine, & me donna un pouvoir pour deux mois, tandis qu'il feroit fes affaires au *Tonquin.*

Il n'y avoit pas trois jours que nous étions en Mer, qu'une grande tempête s'étant élevée, nous fûmes pouffés pendant cinq jours vers le Nord-Nord-Eft, & enfuite à l'Eft. Le tems devint un peu plus calme, mais le vent d'Oüeft fouffloit toûjours affés fort. Le dixiéme jour, deux Pirates nous donnerent la chaffe, & bien-tôt nous prirent: car mon Navire étoit fi chargé, qu'il alloit très-lentement, & qu'il nous fut impoffible de faire la manœuvre neceffaire pour nous défendre.

Les deux Pirates vinrent à l'abordage, & entrerent dans nôtre Navire à la tête de leurs gens ; mais nous trouvant tous couchés fur le ventre, comme je l'avois ordonné, ils fe contenterent de nous lier, & nous ayant donné des Gardes, ils fe mîrent à vifiter la Barque.

Je remarquai parmi eux un Hollandois, qui paroiſſoit avoir quelque autorité, quoi qu'il n'eût pas de commandement. Il connut à nos manieres que nous étions *Anglois*, & nous parlant en ſa Langue, il nous dit qu'on alloit nous lier tous dos à dos, & nous jetter dans la Mer. Comme je parlois Hollandois aſſés bien, je lui déclarai qui nous étions & le conjurai, en conſideration du nom commun de Chrétiens, & de Chrétiens réformés, de Voiſins, d'Alliés, d'interceder pour nous auprès du Capitaine. Mes paroles ne firent que l'irriter. Il redoubla ſes menaces, & s'étant tourné vers ſes Compagnons, il leur parla en Langue Japonoiſe, répétant ſouvent le nom de *Chriſtianos*.

Le plus gros Vaiſſeau de ces Pirates, étoit commandé par un Capitaine *Japonois*, qui parloit un peu Hollandois. Il vint à moi, & après m'avoir fait diverſes queſtions auſquelles je répondis très-humblement, il m'aſſûra qu'on ne nous ôteroit point la vie. Je lui fis une très-profonde révérence, & me tournant alors vers le Hollandois, je lui dis que j'étois bien fâché de trouver plus d'humanité dans un Idolâtre, que dans un Chrétien. Mais j'eus bien-tôt lieu de me repentir de ces paroles inconsiderées. Car ce miserable reprouvé ayant tâché en vain de persuader aux deux Capitaines de me jetter dans la Mer (ce qu'on ne voulut pas lui accorder, à cause de la parole qui m'avoit été donnée,) il obtint que je serois encore plus rigoureusement traité, que si on m'eût fait mourir. On avoit partagé mes gens dans les deux Vaisseaux & dans la Barque: pour moi, on résolut de m'abandonner à mon sort dans un petit canot avec des avirons, une voile & des provisions pour quatre jours. Le Capitaine *Japonois* les augmenta du double, & tira de ses propres vivres cette charitable augmentation; il ne voulut pas même qu'on me foüillât. Je descendis donc dans le canot, pendant que mon Hollandois brutal m'accabloit de dessus le Pont, de toutes les injures & imprécations que son langage lui pouvoit fournir.

Environ une heure avant que nous eussions vû les deux Pirates, j'avois pris hauteur, & avois trouvé que nous étions à 46. degrez de latitude, & à 183. de longitude. Lorsque je fus un peu éloigné, je découvris avec une lunette differentes Isles au Sud-oüest. Alors je haussai ma voile, le vent étant bon, dans le dessein d'aborder à la plus prochaine de ces Isles, ce que j'eus bien de la peine à faire en trois heures. Cette Isle n'étoit qu'une roche, où je trouvai beaucoup d'œufs d'oiseaux : alors batant mon fusil, je mis le feu à quelques bruyeres & à quelques joncs marins pour pouvoir cuire ces œufs, qui furent ce soir-là toute ma nourriture, étant résolu d'épargner mes provisions autant que je le pourrois. Je passai la nuit sous cette roche, où ayant étendu des bruïeres sous moi, je dormis assés bien.

Le jour suivant, je fis voile vers une autre Isle, & delà à une troisiéme & à une quatriéme, me servant quelquefois de mes rames. Mais pour ne point ennuïer le Lecteur, je lui dirai seulement qu'au bout de cinq jours, j'atteignis la derniere Isle que j'avois vûë, qui étoit au Sud-Sud-Oüest de la premiere.

Cette Isle étoit plus éloignée que je ne croyois, & je ne pûs y arriver qu'en cinq heures. J'en fis presque tout le tour avant que de trouver un endroit pour pouvoir y aborder. Ayant pris terre à une petite baye, qui étoit trois fois large comme mon canot, je trouvai que toute l'Isle n'étoit qu'un rocher, avec quelques espaces où il croissoit du gazon & des herbes très-odoriferantes. Je pris mes petites provisions, & après m'être un peu rafraîchi, je mis le reste dans une des caves, dont il y avoit grand nombre. Je ramassai plusieurs œufs sur le rocher, & arrachai une quantité de joncs marins & d'herbes séches, afin de les allumer le lendemain pour cuire mes œufs : car j'avois sur moi mon fusil, ma méche, avec un verre ardent. Je paſſai toute la nuit dans la cave, où j'avois mis mes proviſions; mon lit étoit ces mêmes herbes féches, deſtinées au feu. Je dormis peu, car j'étois encore plus inquiet que las. Je conſiderois qu'il étoit impoſſible de ne pas mourir dans un lieu ſi miſerable, & qu'il me faudroit faire bientôt une triſte fin. Je me trouvai ſi abatu de ces réflexions, que je n'eus pas le courage de me lever; & avant que j'euſſe aſſés de force pour ſortir de ma cave, le jour étoit déja fort grand. Le temps étoit beau, & le Soleil ſi ardent que j'étois obligé de détourner mon viſage.

Mais voici tout-à-coup que le tems s'obſcurcit, d'une maniere pourtant très-different de ce qui arrive par l'interpoſition d'un nuage. Je me tournai vers le Soleil, & je vis un grand corps opaque & mobile entre lui & moi, qui ſembloit aller çà & là. Ce corps ſuſpendu, qui me paroiſſoit à deux milles de hauteur, me cacha le Soleil environ ſix ou ſept minutes: mais je ne pûs pas bien l'obferver, à caufe de l'obfcurité. Quand ce corps fut venu plus près de l'endroit où j'étois, il me parut être d'une fubftance folide, dont la bafe étoit platte, unie & luifante par la reverberation de la mer. Je m'arrêtai fur une hauteur à deux cens pas environ du rivage, & je vis ce même corps defcendre & approcher de moi, environ à un mille de diftance. Je pris alors mon telefcope, & je découvris un grand nombre de perfonnes en mouvement, qui me regardoient & fe regardoient les uns les autres.

L'amour naturel de la vie me fit naître quelques fentimens de joye, & d'efperance que cette avanture pourroit m'aider à me délivrer de l'état fâcheux où j'étois. Mais en même tems le Lecteur ne peut s'imaginer mon étonnement, de voir une efpece d'Ifle en l'air, habitée par des hommes qui avoient l'art & le pouvoir de la hauffer, de l'abaiffer, & de la faire marcher à leur gré; mais n'étant pas alors en humeur de philofopher fur un fi étrange phenomene, je me contentai d'observer de quel côté l'Isle tourneroit, car elle me parut alors arrêtée un peu de tems. Cependant elle s'approcha de mon côté, & j'y pûs découvrir plusieurs grandes terrasses & des escaliers d'intervale en intervale pour communiquer des unes aux autres. Sur la terrasse la plus basse, je vis plusieurs hommes qui pêchoient des oiseaux à la ligne, & d'autres qui regardoient. Je leur fis signe avec mon chapeau, & avec mon mouchoir; & lorsque je me fus approché de plus près, je criai de toutes mes forces, & ayant alors regardé fort attentivement, je vis une foule de monde amassée sur le bord qui étoit vis-à-vis de moi. Je découvris par leurs postures qu'ils me voyoient, quoi qu'ils ne m'eussent pas répondu: j'apperçûs alors cinq ou six hommes, montans avec empressement au sommet de l'Isle, & je m'imaginai qu'ils avoient été envoïés à quelques personnes d'autorité, pour en recevoir des ordres sur ce qu'on devoit faire en cette occasion.

La foule des Insulaires augmenta, & en moins d'une demie heure l'Isle s'approcha tellement, qu'il n'y avoit plus que cent pas de distance entre elle & moi. Ce fut alors que je me mis en diverses postures humbles & touchantes, & que je fis les supplications les plus vives. Mais je ne reçûs point de réponse : ceux qui me sembloient le plus proche, à en juger par leurs habits, étoient des personnes de distinction.

A la fin un d'eux me fit entendre sa voix dans un langage clair, poli & très-doux, dont le son approchoit de l'*Italien* ; ce fut aussi en Italien que je répondis, m'imaginant que le son & l'accent de cette Langue, seroit plus agreable à leurs oreilles que tout autre langage. Ce Peuple comprit ma pensée; on me fit signe de descendre du rocher, & d'aller vers le rivage ; ce que je fis : & alors l'Isle volante s'étant abaissée à un degré convenable, on me jetta de la terrasse d'en bas, une chaîne avec un petit siege qui y étoit attaché, sur lequel m'étant assis je fus dans un moment enlevé par le moyen d'une Moufle.

CHAPITRE II.

Caractere des Laputiens, *idée de leurs Sçavans, de leur Roy & de sa Cour. Reception qu'on fait à l'Auteur. Les craintes & les inquietudes des Habitans. Caractere des femmes* Laputiennes.

A Mon arrivée je me vis entouré d'une foule de Peuple, qui me regardoit avec admiration, & que je regardai de même, n'ayant encore jamais vû une race de mortels si singuliere dans sa figure, dans ses habits & dans ses manieres. Ils panchoient la tête tantôt à droite, tantôt à gauche. Ils avoient un œil tourné en dedans & l'autre vers le ciel. Leurs habits étoient bigarrez de figures du Soleil, de la Lune, & des étoiles, & parsemez de violons, de flutes, de harpes, de trompettes, de Guitarres, de Luths, & de plusieurs autres instrumens inconnus en Europe. Je vis autour d'eux plusieurs Domestiques armez de vessies, attachées comme un fleau au bout d'un petit bâton, dans lesquelles il y avoit une certaine quantité de petits pois & de petits cailloux. Ils frappoient de temps en temps avec ces vessies, tantôt la bouche, tantôt les oreilles de ceux dont ils étoient proche, & je n'en pûs d'abord deviner la raison. Les esprits de ce peuple paroissoient si distraits, & si plongés dans la meditation, qu'ils ne pouvoient ni parler, ni être attentifs à ce qu'on leur disoit, sans le secours de ces *vessies bruïantes* dont on les frappoit, soit à la bouche, soit aux oreilles, pour les reveiller. C'est pourquoi les personnes qui en avoient le moyen, entretenoient toûjours un domestique, qui leur servoit de *Moniteur*, & sans lequel ils ne sortoient jamais.

L'occupation de cet officier, lorsque deux ou trois personnes se trouvoient ensemble, étoit de donner adroitement de la vessie, sur la bouche de celui a qui c'étoit à parler, ensuite sur l'oreille droite de celui ou de ceux à qui le discours s'adressoit. Le *Moniteur* accompagnoit toûjours son maître lorsqu'il sortoit, & étoit obligé de lui donner de temps en temps de la vessie sur les yeux, parceque sans cela ses profondes rêveries l'eussent bientôt mis en danger de tomber dans quelque précipice, de se heurter la tête contre quelque poteau, de pousser les autres dans les ruës, ou d'en être jetté dans le ruisseau.

On me fit monter au sommet de l'Isle, & entrer dans le Palais du Roy, où je vis Sa Majesté sur un thrône environné de personnes de la premiere distinction. Devant le Thrône étoit une grande table couverte de Globes, de Spheres & d'instrumens de Mathematiques de toute espece. Le Roy ne prit point garde à moi, lorsque j'entrai, quoique la foule qui m'accompagnoit fit un très-grand bruit. Il étoit alors appliqué à resoudre un problême, & nous fûmes devant lui au moins une heure entiere à attendre

dre que Sa Majesté eut fini son opération. Il avoit auprès de lui deux Pages qui avoient des vessies à la main, dont l'un, lorsque Sa Majesté eut cessé de travailler, le frappa doucement & respectueusement à la bouche, & l'autre à l'oreille droite. Le Roy parut alors comme se reveiller en sursaut, & jettant les yeux sur moi, & sur le monde qui m'entouroit, il se rappella ce qu'on lui avoit dit de mon arrivée peu de temps auparavant. Il me dit quelques mots, & aussi-tôt un jeune homme armé d'une vessie s'approcha de moi, & m'en donna sur l'oreille droite. Mais je fis signe qu'il étoit inutile de prendre cette peine, ce qui donna au Roy, & à toute la Cour une haute idée de mon intelligence. Le Roy me fit diverses questions auxquelles je répondis, sans que nous nous entendissions ni l'un, ni l'autre. On me conduisit bientôt après dans un appartement où l'on me servit à dîner. Quatre personnes de distinction me firent l'honneur de se mettre à table avec moi : nous eûmes deux services, chacun de trois plats. Le premier service étoit composé d'une épaule de mouton coupée en *triangle équilateral*, d'une piece de bœuf sous la forme d'un *Rhomboïde* & d'un boudin sous celle d'une *Cycloïde*. Le second service fut deux Canards ressemblans à deux violons, des saucisses & des andoüilles qui paroissoient comme des flûtes & des hautbois, & un foye de veau, qui avoit l'air d'une harpe. Les pains qu'on nous servit avoient la figure de *Cones*, de *Cylindres*, de *parallelogrammes*.

Après le dîner un homme vint à moi de la part du Roy, avec une plume, de l'encre & du papier, & me fit entendre par des signes qu'il avoit ordre de m'apprendre la langue du pays. Je fus avec lui environ quatre heures, pendant lesquelles j'écrivis sur deux colonnes un grand nombre de mots, avec la traduction vis-à-vis : il m'apprit aussi plusieurs phrases courtes, dont il me fit connoître le sens, en fai-

sant devant moi ce qu'elles signi-
fioient. Mon Maître me montra ensuite dans un de ses livres, la figure
du Soleil, & de la Lune, des Etoi-
les, du Zodiaque, des Tropiques
& des cercles Polaires, en me disant le nom de tout cela, ainsi que
de toute sorte d'instruments de Musique, avec les termes de cet art
convenables à chaque instrument.
Quand il eut fini sa leçon je com-
posai en mon particulier un très-joli
petit Dictionnaire de tous les mots
que j'avois appris, & en peu de
jours, graces à mon heureuse memoire, je sçus passablement la langue *Laputienne*.

Un Tailleur vint le lendemain
matin prendre ma mesure. Les
Tailleurs de ce pays exercent leur
métier autrement qu'en Europe. Il
prit d'abord la hauteur de mon
corps, avec un quart de cercle : &
puis avec la regle & le compas
ayant mesuré ma grosseur, & toutes
la proportion de mes membres, il
fit son calcul sur le papier, & au
bout de six jours, il m'aporta un

habit très-mal fait. Il m'en fit excuse, en me disant qu'il avoit eu le malheur de se tromper dans ses supputations.

Sa Majesté ordonna ce jour-là qu'on fit avancer son Isle vers *Lagado* qui est la Capitale de son Royaume de terre ferme, & ensuite vers certaines Villes & Villages, pour recevoir les requêtes de ses Sujets. On jetta pour cela plusieurs ficelles avec de petits plombs au bout, afin que le Peuple attachat ses Placets à ces ficelles, qu'on tiroit ensuite, & qui sembloient en l'air autant de *Cervolans*.

La connoissance que j'avois des Mathematiques, m'aida beaucoup à comprendre leurs façons de parler, & leurs métaphores tirées la plûpart des Mathematiques, & de la Musique; car je suis aussi un peu Musicien. Toutes * leurs

* „ Il ne tiendra pas à moi, (dit l'Auteur du
„ *Traité de la pesanteur*, dans une *Lettre* inserée
„ dans le *Merc. de Janv.* 1727.) que tout le
„ monde ne soit Geometre, & que la Geome-
„ trie ne devienne un stile de conversation,
„ comme la Morale, la Physique, l'Histoire
„ & la Gazette.

idées n'étoient qu'en lignes & en figures, & leur galanterie même étoit toute geometrique. Si par exemple ils vouloient loüer la beauté d'une fille, ils difoient que fes dents blanches étoient de beaux & parfaits *parallellogrammes*, que fes fourcils étoient un *arc* charmant, ou une belle *portion de cercle*, que fes yeux formoient une *Ellipfe* admirable, que fa gorge étoit décorée de deux *globes afymptotes*, & ainfi du refte. *Le Sinus, la Tangente, la Ligne droite, la Ligne courbe, le Cone, le Cylindre, l'Ovale, la Parabole, le Diametre, le Raïon, le Centre, le Point*, font parmi eux des termes qui entrent dans le langage de l'amour.

Leurs maifons étoient fort mal bâties : c'eft qu'en ce païs-là on méprife la *Geometrie Pratique*, comme une chofe vulgaire & mécanique. Je n'ai jamais vû de peuple fi fot, fi niais, fi mal adroit dans tout ce qui regarde les actions communes, & la conduite de la vie. Ce font outre cela les plus mauvais raisonneurs du monde, toûjours prêts à contredire, si ce n'est lorsqu'ils pensent juste, ce qui leur arrive rarement, & alors ils se taisent. Ils ne sçavent ce que c'est qu'imagination, invention, portraits, & n'ont pas même de mots en leur langue qui expriment ces choses. Aussi tous leurs ouvrages, & même leurs Poësies semblent des *Theorémes d'Euclide.*

Plusieurs d'entr'eux, principalement ceux qui s'appliquent à l'Astronomie, donnent dans l'Astrologie Judiciaire, quoi qu'ils n'osent l'avoüer publiquement ; mais ce que je trouvai de plus surprenant, ce fut l'inclination qu'ils avoient pour la politique, & leur curiosité pour les nouvelles. Ils parloient incessamment d'affaires d'Etat, & portoient sans façon leur jugement sur tout ce qui se passoit dans les Cabinets des Princes. J'ai souvent remarqué le même caractere dans nos Mathematiciens d'Europe, sans avoir jamais pû trouver la moindre Analogie entre la Mathematique &

la Politique; à moins que l'on ne suppose, que comme le plus petit cercle, a autant de degrés que le plus grand; celui qui sçait raisonner sur un cercle tracé sur le papier, peut également raisonner sur la Sphere du Monde. Mais n'est-ce pas plûtôt le défaut naturel de tous les hommes, qui se plaisent ordinairement à parler, & à raisonner sur ce qu'ils entendent le moins?

Ce peuple paroît toûjours inquiet & allarmé, & ce qui n'a jamais troublé le repos des autres hommes, est le sujet continuel de leurs craintes, & de leurs frayeurs. Ils apprehendent l'alteration des corps celestes; par exemple, que la Terre, par les approches continuelles du Soleil, ne soit à la fin devorée par les flâmes de cet astre terrible, que ce flambeau de la nature ne se trouve peu à peu encrouté par son écume, & ne vienne à s'éteindre tout-à-fait pour les Mortels; ils craignent que la prochaine Cométe, qui selon leur calcul, paroîtra dans trente & uns an, d'un coup de sa queuë ne foudroye la terre, & ne la réduife en cendres. Ils craignent encore que le Soleil, à force de répandre des raïons de toutes parts, ne vienne enfin à s'ufer, & à perdre tout-à-fait fa fubftance. Voila les craintes ordinaires & les allarmes qui leur dérobent le fommeil, & les privent de toutes fortes de plaifirs : auffi dès qu'ils fe rencontrent le matin, ils fe demandent d'abord les uns aux autres des nouvelles du Soleil, comment il fe porte, & en quel état il s'eft couché & levé.

Les femmes de cette Ifle font très-vives : elles méprifent leurs maris, & ont beaucoup de goût pour les Etrangers, dont il y a toûjours un nombre confiderable à la fuite de la Cour. C'eft auffi parmi eux que les Dames de qualité prennent leurs galans : ce qu'il y a de fâcheux, c'eft qu'elles prennent leurs plaifirs fans aucune traverfe, & avec trop de fécurité. Car leurs maris font fi abforbés dans les fpeculations geometriques, qu'on careffe leurs femmes en leur prefence, fans qu'ils qu'ils s'en apperçoivent, pourvû pourtant que le *Moniteur* avec fa veſſie n'y ſoit pas.

Les femmes & les filles ſont fort fachées de ſe voir confinées dans cette Iſle, quoique ce ſoit l'endroit le plus délicieux de la terre, & quoiqu'elles y vivent dans la richeſſe, & dans la magnificence. Elles peuvent aller où elles veulent dans l'Iſle; mais elle meurent d'envie de courir le monde, & de ſe rendre dans la Capitale, où il leur eſt deffendu d'aller ſans la permiſſion du Roy, qu'il ne leur eſt pas aiſé d'obtenir, parce que les maris ont ſouvent éprouvé qu'il leur étoit difficile de les en faire revenir. J'ai oüi dire qu'une grande Dame de la Cour, mariée au premier Miniſtre, l'homme le mieux fait & le plus riche du Royaume, qui l'aimoit éperdûëment, vint à *Lagado*, ſous le prétexte de ſa ſanté, & y demeura cachée pendant pluſieurs mois, juſqu'à ce que le Roy envoya la chercher. Elle fut trouvée en un état pitoyable dans une mauvaiſe Auberge, ayant engagé ses habits pour entretenir un Laquais, vieux & laid, qui la battoit tous les jours : on l'arracha d'auprès de lui malgré elle. Et quoi que son mari l'eut reçûë avec bonté, lui eut fait mille caresses & nuls reproches sur sa conduite, elle s'enfuit encore bien-tôt après, avec tous ses bijoux & toutes ses pierreries, pour aller retrouver ce digne Galant, & on n'a plus entendu parler d'elle.

Le Lecteur prendra peut-être cela pour une histoire Européenne, ou même Angloise : mais je le prie de considerer que les caprices de l'espece femelle, ne sont pas bornés à une seule partie du monde, ni a un seul climat, mais sont en tous lieux les mêmes.

CHAPITRE III.

Phenoméne expliqué par les Philosophes & Astronomes modernes. Les Laputiens sont grands Astronomes. Comment le Roy appaise les séditions.

JE demandai au Roi la permission de voir les curiosités de l'Isle. Il me l'accorda, & ordonna à un de ses Courtisans de m'accompagner. Je voulois sçavoir principalement quel secret naturel ou artificiel, étoit le principe de ces mouvemens divers, dont je vais rendre au Lecteur un compte exact & Philosophique.

L'Isle volante est parfaitement ronde, son diamétre est de sept mille huit cens trente-sept demi toises, c'est-à-dire, d'environ quatre mille pas, & par conséquent contient à peu près dix mille acres. Le fond de cette Isle ou la surface de dessous, telle qu'elle paroît à ceux qui la regardent d'en bas, est comme un large diamant, poli & taillé réguliérement, qui refléchit la lumiere à quatre cens pas. Il y a au-dessus plusieurs minéraux, situés selon le rang ordinaire des Mines, & par dessus est un terrain fertile de dix ou douze pieds de profondeur.

Le penchant des parties de la circonference vers le centre de la surface superieure, est la cause naturelle que toutes les pluïes & rosées qui tombent sur l'Isle, sont conduites par de petits ruisseaux vers le milieu, où ils s'amassent dans quatre grands bassins, chacun d'environ un demi mille de circuit. A deux cens pas de distance du centre de ces bassins, l'eau est continuellement attirée & exaltée par le Soleil pendant le jour, ce qui empêche le débordement. De plus, comme il est au pouvoir du Monarque d'élever l'Isle au-dessus de la région des nuages & des vapeurs terrestres, il peut, quand il lui plaît, empêcher la chûte de la pluye & de la rosée ; ce qui n'est au pouvoir d'aucun Potentat d'Europe, qui ne dépendant de personne; dépend toûjours de la pluye & du beau temps.

Au centre de l'Isle, est un trou d'environ vingt-cinq toises de diamétre, par lequel les Astronomes descendent dans un large Dôme, qui pour cette raison est appellé *Flandona Gagnolé*, ou *la cave des Astronomes*, située à la profondeur de cinquante toises, au dessous de la surface superieure du diamant. Il y a dans cette cave vingt lampes sans cesse allumées, qui par la reverberation du diamant répandent une grande lumiere de tous côtés. Ce lieu est orné de Sextans, de Quadrans, de Telescopes, d'Astrolabes, & autres instrumens Astronomiques; mais la plus grande curiosité, dont dépend même la destinée de l'Isle, est une pierre d'aiman d'une grandeur prodigieuse, taillée en forme de navette de Tisserand. Elle est longue de trois toises, & dans sa plus grande épaisseur, elle a au moins une toise & demie. Cet aiman est suspendu par un gros essieu de diamant, qui passe par le milieu de la pierre, sur lequel elle jouë, & qui est placé avec tant de justesse, qu'une main très-foible peut la faire tourner. Elle est entourée d'un cercle de diamant, en forme de cylindre creux, de quatre pieds de profondeur, de plusieurs pieds d'épaisseur, & de six toises de diametre, placé horisontalement, & soûtenu par huit piédestaux tous de diamant, hauts chacun de trois toises. Du côté concave du cercle, il y a une mortaise profonde de douze pouces, dans laquelle sont placées les extrémités de l'essieu, qui tourne quand il le faut.

Aucune force ne peut déplacer la pierre, parce que le cercle & les pieds du cercle sont d'une seule piece avec le corps du diamant qui fait la base de l'Isle.

C'est par le moyen de cet aiman que l'Isle se hausse, se baisse & change de place. Car par rapport à cet endroit de la Terre sur laquelle le Monarque préside, la pierre est munie à un de ses côtés d'un pouvoir attractif, & de l'autre d'un pouvoir repulſif. Ainſi quand il lui plaît que l'aiman ſoit tourné vers la terre par ſon *pole ami*, l'Iſle deſcend. Mais quand le *pole ennemi* eſt tourné vers la même terre, l'Iſle remonte en haut. Lorſque la poſition de la pierre eſt oblique le mouvement de l'Iſle eſt pareil ; car dans cet aiman les forces agiſſent toûjours en ligne parallele à ſa direction ; c'eſt par ce mouvement oblique, que l'Iſle eſt conduite aux differentes parties des Domaines du Monarque.

Le Roy ſeroit le Prince le plus abſolu de l'Univers, s'il pouvoit engager ſes Miniſtres à lui complaire en tout ; mais ceux-ci ayant leurs terres au deſſous dans le continent, & conſiderant que la faveur des Princes eſt paſſagere, n'ont garde de ſe porter préjudice à eux-mêmes, en opprimant la liberté de leurs compatriotes.

Si quelque Ville ſe révolte, ou refuſe de payer les impôts, le Roy a deux façons de la réduire. La premiere & la plus moderée, est de tenir son Isle au dessus de la Ville rebelle, & des terres voisines: par-là il prive le Païs & du Soleil & de la rosée, ce qui cause des maladies & de la mortalité. Mais si le crime le merite, on les accable de grosses pierres qu'on leur jette du haut de l'Isle, dont ils ne peuvent se garantir qu'en se sauvant dans leurs celliers & dans leurs caves, où ils passent le tems à boire frais, tandis que les toits de leurs maisons sont mis en pieces. S'ils continuent témerairement dans leur obstination & dans leur révolte, le Roy a recours alors au dernier remede, qui est de laisser tomber l'Isle à plomb sur leurs têtes ; ce qui écrase toutes les maisons & tous les habitans. Le Prince néanmoins se porte rarement à cette terrible extremité, que les Ministres n'osent lui conseiller ; vû que ce procedé violent les rendroit odieux au peuple, & leur feroit tort à eux mêmes, qui ont des biens dans le continent. Car l'Isle n'appartient qu'au Roy, qui aussi n'a que l'Isle pour tout Domaine.

Mais il y a encore une autre raison plus forte, pour laquelle les Rois de ce Païs ont été toûjours éloignés d'exercer ce dernier châtiment, si ce n'est dans une necessité absoluë. C'est que si la Ville qu'on veut détruire étoit située près de quelques hautes roches; (car il y en a en ce Païs, ainsi qu'en Angleterre, auprès des grandes Villes, qui ont été exprès bâties près de ces roches, pour se préserver de la colere des Rois) ou si elle avoit grand nombre de clochers & de piramides de pierre, l'Isle Royale par sa chûte pourroit se briser: ce sont principalement les Clochers que le Roy redoute, & le peuple le sçait bien. Aussi quand Sa Majesté est le plus en courroux, il fait toûjours descendre son Isle très-doucement, de peur, dit-il, d'accabler son peuple: mais dans le fond, c'est qu'il craint lui-même que les Clochers ne brisent son Isle. En ce cas, les Philosophes croyent que l'aiman ne pourroit plus la soûtenir desormais, & qu'elle tomberoit.

CHAPITRE IV.

L'Auteur quitte l'Isle de Laputa, *& est conduit aux* Balnibarbes. *Son arrivée à la Capitale. Description de cette Ville & des environs. Il est reçû avec bonté par un grand Seigneur.*

Quoi que je ne puisse pas dire que je fus mal-traité dans cette Isle, il est vrai cependant que je m'y crûs négligé, & tant soit peu méprisé. Le Prince & le Peuple n'y étoient curieux que de Mathematiques & de Musique : j'étois en ce genre fort au dessous d'eux, & ils me rendoient justice en faisant peu de cas de moi.

D'un autre côté, après avoir vû toutes les curiosités de l'Isle, j'avois une forte envie d'en sortir, étant très-las de ces Insulaires aëriens. Ils excelloient, il est vrai, dans des Sciences que j'estime beaucoup, & dont j'ai même quelque teinture, mais ils étoient si absorbés dans leurs speculations, que je ne m'étois jamais trouvé en si triste compagnie. Je ne m'entretenois qu'avec les femmes, (quel entretien pour un Philosophe marin!) qu'avec les Artisans, les *Moniteurs*, les Pages de Cour, & autres gens de cette espece; ce qui augmenta encore le mépris qu'on avoit pour moi. Mais en verité pouvois-je faire autrement? il n'y avoit que ceux-là avec qui je pûsse lier commerce; les autres ne parloient point.

Il y avoit à la Cour un grand Seigneur, Favori du Roy, & qui pour cette raison seule étoit traité avec respect, mais qui étoit pourtant regardé en général comme un homme très-ignorant & assez stupide. Il passoit pour avoir de l'honneur & de la probité, mais il n'avoit point du tout d'oreille pour la Musique, & battoit, dit-on, la mesure assés mal. On ajoûte qu'il n'avoit jamais pû apprendre les propositions les plus aisées des Mathematiques. Ce Seigneur me donna mille marques de bonté. Il me faisoit souvent l'honneur de me venir voir, desirant s'informer des affaires de l'Europe, & s'instruire des Coûtumes, des Mœurs, des Loix & des Sciences des differentes Nations, parmi lesquelles j'avois demeuré. Il m'écoutoit toûjours avec une grande attention, & faisoit de très-belles observations sur tout ce que je lui disois. Deux *Moniteurs* le suivoient pour la forme, mais il ne s'en servoit qu'à la Cour, & dans les visites de ceremonie; quand nous étions ensemble, il les faisoit toûjours retirer.

Je priai ce Seigneur d'interceder pour moi auprès de Sa Majesté pour obtenir mon congé : il m'accorda cette grace avec regret, comme il eut la bonté de me le dire, & il me fit plusieurs offres avantageuses que je refusai, en lui en marquant ma vive reconnoissance.

Le 16. de Février je pris congé de Sa Majesté, qui me fit un present considerable, & mon Protecteur me donna un diamant, avec une lettre de recommandation pour un Seigneur de ses amis, demeurant à *Lagado* Capitale des *Balnibarbes*, L'Isle étant alors suspenduë au-dessus d'une montagne, je descendis de la derniere terrasse de l'Isle, de la même façon que j'étois monté.

Le continent porte le nom de *Balnibarbes* & la Capitale, comme j'ai dit, s'apelle *Lagado*. Ce fut d'abord une assés agreable satisfaction pour moi, de n'être plus en l'air & de me trouver en terre ferme. Je marchai vers la Ville sans aucune peine, & sans aucun embarras, étant vêtu comme les Habitans, & sachant assés bien la Langue pour la parler. Je trouvai bien-tôt le logis de la personne à qui j'étois recommandé. Je lui presentai la Lettre du grand Seigneur, & j'en fus très-bien reçû. Cette personne qui étoit un Seigneur *Balnibarbe*, & qui s'apelloit *Munodi*, me donna un bel appartement chez lui, où je logai pendant mon séjour en ce païs, & où je fus très-bien traité.

Le lendemain matin après mon arrivée, *Munodi* me prit dans son carosse pour me faire voir la Ville, qui est grande comme la moitié de *Londres*; mais les Maisons étoient étrangement bâties, & la plûpart tomboient en ruine. Le Peuple couvert de haillons, marchoit dans les ruës d'un pas précipité, ayant un regard farouche. Nous passâmes par une des portes de la Ville, & nous avançâmes environ trois mille pas dans la campagne, où je vis un grand nombre de Laboureurs qui travailloient à la terre avec plusieurs sortes d'instrumens; mais je ne pûs deviner ce qu'ils faisoient : je ne voyois nulle part aucune apparence, d'herbes ni de grain. Je priai mon conducteur de vouloir bien m'expliquer ce que prétendoient toutes ces têtes & toutes ces mains, occupées à la Ville & à la Campagne, n'en voyant aucun effet. Car en vérité je n'avois jamais trouvé, ni de terre si mal cultivée, ni de Maisons en si mauvais état & si délabrées, ni un Peuple si gueux, & si miserable.

Le Seigneur *Munodi* avoit été plusieurs années Gouverneur de *Lagado*; mais par la cabale des Ministres, il avoit été déposé au grand regret du peuple. Cependant le Roy l'estimoit, comme un homme qui avoit des intentions droites, mais qui n'avoit pas l'esprit de la Cour.

Lorsque j'eus ainsi critiqué librement le païs & ses Habitans, il ne me répondit autre chose, sinon que je n'avois pas été assés longs-temps parmi eux pour en juger, & que les differens Peuples du monde avoient des usages differens: il me debita plusieurs autres lieux-communs semblables. Mais quand nous fûmes de retour chez lui, il me demanda comment je trouvois son Palais, qu'elles absurdités j'y remarquois, & ce que je trouvois à redire dans les habits, & dans les manieres de ses Domestiques. Il pouvoit me faire aisément cette question; car chés lui tout étoit magnifique, regulier & poli. Je répondis que sa grandeur, sa prudence, & ses richesses l'avoient exempté de tous les deffauts qui avoient rendu les autres foux & gueux. Il me dit, que je si voulois aller avec lui à sa maison de campagne, qui étoit à vingt mille, il auroit plus de loisir de m'entretenir sur tout cela. Je répondis à son Excellence que je ferois tout ce qu'elle souhaiteroit : nous partîmes donc le lendemain au matin.

Durant nôtre voyage, il me fit observer les differentes methodes des Laboureurs pour ensemencer leurs terres. Cependant excepté en quelques endroits, je n'avois découvert dans tout le pays aucune esperance de moisson, ni même aucune trace de culture. Mais ayant marché encore trois heures, la scene changea entierement. Nous nous trouvâmes dans une très-belle Campagne. Les Maisons des Laboureurs étoient peu éloignées, & très-bien bâties. Les champs étoient clos & renfermoient des Vignes,
des

des pieces de blé, des Prairies; & je ne me souviens pas d'avoir rien vû de si agréable. Le Seigneur, qui observoit ma contenance, me dit alors en soupirant, que là commençoit sa terre; que neanmoins les gens du pays le railloient & le méprisoient, de ce qu'il n'avoit pas mieux fait ses affaires.

Nous arrivâmes enfin à son Château, qui étoit d'une très-noble structure; les fontaines, les Jardins, les promenades, les avenuës, les bosquets étoient tous disposés avec jugement & avec goût. Je donnai à chaque chose des loüanges, dont son Excellence ne parût s'apperçevoir qu'après le souper. Alors n'y ayant point de tiers, il me dit d'un air fort triste, qu'il ne sçavoit s'il ne lui faudroit pas bientôt abattre ses Maisons à la Ville & à la Campagne, pour les rebâtir à la mode & détruire tout son Palais, pour le rendre conforme au goût moderne; mais qu'il craignoit pourtant de passer pour ambitieux, pour singulier, pour ignorant & capricieux, & peut-être de déplaire par-là aux gens de bien. Que je cesserois d'être étonné, quand je sçaurois quelques particularitez, que j'ignorois.

Il me dit que depuis environ quatre ans, certaines personnes étoient venuës à Laputa, soit pour leurs affaires, soit pour leur plaisir, & qu'après cinq mois, ils s'en étoient retournés avec une très-legere teinture de Mathematique, mais pleins d'esprits volatiles, recuëillis dans cette région aërienne ; que ces personnes, à leur retour, avoient commencé à desapprouver ce qui se passoit dans le pays d'en bas, & avoient formé le projet de mettre les Arts & les sciences sur un nouveau pié. Que pour cela ils avoient obtenu des Lettres Patentes, pour eriger une Academie d'Ingenieurs ; c'est-à-dire, de gens à systemes. Que le peuple étoit si fantasque, qu'il y avoit une Academie de ces gens-là dans toutes les grandes Villes. Que dans ces Academies ou Colleges, les Professeurs avoient trouvé de nouvelles methodes pour l'Agriculture & l'Architecture, & de nouveaux instrumens, & outils pour tous les Métiers & Manufactures, par le moyen desquels un homme seul pourroit travailler autant que dix, & un Palais pourroit être bâti en une semaine, de matieres si solides, qu'il dureroit éternellement sans avoir besoin de réparation. Tous les fruits de la terre devoient naître dans toutes les saisons, plus gros cent fois qu'à present, avec une infinité d'autres projets admirables. C'est dommage, continua-t'il, qu'aucun de ces projets n'ait été perfectionné jusqu'ici, qu'en peu de tems toute la Campagne ait été miserablement ravagée, que la plûpart des Maisons soient tombées en ruine, & que le Peuple tout nud meure de froid, de soif & de faim. Avec tout cela loin d'être decouragez, ils en sont plus animés à la poursuite de leurs sistêmes, poussés tour-à-tour par l'esperance, & par le desespoir. Il ajoûta que pour ce qui étoit de lui, n'étant pas d'un esprit entreprenant, il s'étoit contenté d'agir selon l'ancienne méthode, de vivre dans les Maisons bâties par ses ancêtres, & de faire ce qu'ils avoient fait, sans rien innover. Que quelque peu de gens de qualité avoient suivi son exemple, mais avoient été regardés avec mépris, & s'étoient même rendus odieux, comme gens mal intentionnées, Ennemis des Arts, ignorans, mauvais Republicains, préferant leurs commodités & leur molle faineantise au bien general du Pays.

Son Excellence ajoûta, qu'il ne vouloit pas prévenir, par un long détail, le plaisir que j'aurois, lorsque j'irois visiter l'Academie des systêmes; qu'il souhaitoit seulement que j'observasse un bâtiment ruiné, du côté de la montagne, que ce que je voyois, à la moitié d'un mille de son Château, étoit un Moulin que le courant d'une grande Riviere faisoit aller; & qui suffisoit pour sa Maison, & pour un grand nombre de ses Vassaux : qu'il y avoit environ sept ans, qu'une Compagnie d'Ingenieurs étoit venuë lui propofer d'abattre ce Moulin, & d'en bâtir un autre, au pied de la montagne, fur le fommet de laquelle feroit conftruit un réfervoir, où l'eau pourroit être conduite au aifément par des tuiaux, & par des machines; d'autant que le vent & l'air, fur le haut de la montagne, agiteroient l'eau & la rendroient plus fluide, & que le poids de l'eau, en defcendant, feroit par fa chûte tourner le moulin avec la moitié du courant de la Riviere. Il me dit que n'étant pas bien à la Cour, parce qu'il n'avoit donné jufqu'ici dans aucun des nouveaux fyftêmes, & étant preffé par plufieurs de fes amis, il avoit agrée le projet. Mais qu'après y avoir fait travailler pendant deux ans, l'ouvrage avoit mal réüffi, & que les Entrepreneurs avoient pris la fuite.

Peu de jours après, je fouhaitai voir l'Academie des Syftêmes, & fon Excellence voulut bien me donner une perfonne pour m'y accompagner. Il me prenoit peut-être pour un grand admirateur de nouveautés, pour un esprit curieux & crédule. Dans le fond, j'avois un peu été dans ma jeunesse homme à projets & à systêmes, & encore aujourd'hui tout ce qui est neuf & hardi me plaît extrêmement.

CHAPITRE V.

L'Auteur visite l'Academie, & en fait ici la description.

LE logement de cette Academie n'est pas un seul & simple corps de logis; mais une suite de divers bâtimens des deux côtés d'une court.

Je fus reçû très-honnêtement par le Concierge, qui nous dit d'abord, que dans ces Bâtimens chaque Chambre renfermoit un Ingenieur & quelquefois plusieurs; & qu'il y avoit environ cinq cent Chambres dans l'Academie. Aussitôt il nous fit monter, & parcourir les appartemens.

Le premier Académicien que je vis me parût un homme fort maigre; il avoit la face & les mains couvertes de crasse, la barbe & les cheveux longs, avec un habit & une chemise de même couleur que sa peau.

Il avoit été huit ans fur un projet curieux, qui étoit, nous dit-il, de recuëillir des raïons de Soleil, afin de les enfermer dans des phioles bouchées hermetiquement, & qu'ils puſſent ſervir à échauffer l'air, lorſque les Etés ſeroient peu chauds. Il me dit que dans huit autres années il pourroit fournir aux jardins des Financiers, des raïons de Soleil, à un prix raiſonnable. Mais il ſe plaignoit que ſes fonds étoient petits, & il m'engagea à lui donner quelque choſe pour l'encourager.

Je paſſai dans une autre Chambre ; mais, je tournai vîte le dos, ne pouvant endurer la mauvaiſe odeur. Mon conducteur me pouſſa dedans, & me pria tout bas de prendre garde d'offenſer un homme qui s'en reſſentiroit : ainſi je n'oſai pas même me boucher le nés. L'Ingenieur qui logeoit dans cette chambre étoit le plus ancien de l'Academie ; ſon viſage & ſa barbe étoient d'une couleur pâle & jaune, & ſes mains avec ſes habits étoient couverts d'une ordure infame. Lorſque je lui fus presenté, il m'embraſſa très-étroitement; politeſſe dont je me ſerois bien paſſé. Son occupation depuis ſon entrée à l'Academie avoit été de tâcher de faire retourner les excrémens humains à la nature des alimens dont ils étoient tirés, par la ſéparation des parties diverſes, & par la dépuration de la teinture que l'excrément reçoit du fiel, & qui cauſe ſa mauvaiſe odeur. On lui donnoit toutes les ſemaines, de la part de la Compagnie, un plat rempli de matieres, environ de la grandeur d'un baril de Briſtol.

J'en vis un autre occupé à calciner la glace pour en extraire, diſoit-il, de fort bon ſalpêtre, & en faire de la poudre à canon. Il me montra un traité concernant la malléabilité du feu, qu'il avoit envie de publier.

Je vis enſuite un très-ingenieux Architecte qui avoit trouvé une méthode admirable pour bâtir les maiſons en commençant par le faîte & en finiſſant par les fondemens; projet qu'il me juſtifia aiſément par l'exemple de deux insectes, l'abeille & l'araignée.

Il y avoit un homme aveugle de naissance, qui avoit sous lui plusieurs apprentis, aveugles comme lui. Leur occupation étoit de composer des couleurs pour les Peintres. Ce Maître leur enseignoit à les distinguer par le tact & par l'odorat. Je fus assés malheureux pour les trouver alors très-peu instruits, & le Maître lui-même, comme on peut juger, n'étoit pas plus habile.

Je montai dans un appartement, où étoit un grand homme qui avoit trouvé le secret de labourer la terre avec des cochons, & d'épargner les frais des chevaux, des bœufs, de la charruë & du laboureur. Voici sa méthode. Dans l'espace d'un acre de terre, on enfoüissoit de six en six pouces une quantité de gland, de dattes, de châtaignes & autres pareils fruits que les cochons aiment. Alors on lâchoit dans le champ six cens & plus de ces animaux, qui par le moyen de leurs pieds & de leur museau, mettoient en très-peu de temps la terre en état d'être ensemencée, & l'engraiſſoient auſſi, en lui rendant ce qu'ils y avoient pris. Par malheur on en avoit fait l'experience, & outre qu'on avoit trouvé le ſiſtême coûteux & embaraſſant, le champ n'avoit preſque rien produit. On ne doutoit pas néanmoins que cette invention ne pût être d'une très-grande conſequence & d'une vraye utilité.

Dans une chambre vis-à-vis, logeoit un homme qui avoit des idées contraires par rapport au même objet. Il prétendoit faire marcher une charruë ſans bœufs, & ſans chevaux, mais avec le ſecours du vent ; & pour cela, il avoit conſtruit une charruë avec un mât & des voiles. Il ſoûtenoit que par le même moyen il feroit aller des charettes & des caroſſes ; & que dans la ſuite on pourroit courir la poſte en chaiſe, en mettant à la voile ſur Terre comme ſur Mer : que puiſque ſur la Mer, on alloit à tous vents, il n'étoit pas difficile de faire la même choſe ſur la Terre.

E ij

Je passai dans une autre chambre qui étoit toute tapissée de toiles d'araignées, & où il y avoit à peine un petit espace pour donner passage à l'ouvrier. Dès qu'il me vit, il cria, Prenés garde de rompre mes toiles. Je l'entretins, & il me dit que c'étoit une chose pitoyable que l'aveuglement où les hommes avoient été jusqu'ici par rapport aux vers à soye, tandis qu'ils avoient à leur disposition tant d'insectes domestiques, dont ils ne faisoient aucun usage, & qui étoient néanmoins préférables aux vers à soye, qui ne sçavoient que filer, au lieu que l'araignée sçavoit tout ensemble filer & ourdir. Il ajoûta que l'usage des toiles d'araignées épargneroit encore dans la suite les frais de la teinture, ce que je concevrois aisément, lorsqu'il m'auroit fait voir un grand nombre de mouches de couleurs diverses & charmantes, dont il nourrissoit ses araignées; qu'il étoit certain que leurs toiles prendroient infailliblement la couleur de ces mouches, & que comme il en avoit de toute espece, il esperoit aussi avoir bien-tôt des toiles capables de satisfaire par leurs couleurs tous les goûts differens des hommes, aussi-tôt qu'il auroit pû trouver une certaine nourriture suffisamment glutineuse pour ses mouches, afin que les fils de l'araignée en acquissent plus de solidité & de force.

Je vis ensuite un celebre Astronome, qui avoit entrepris de placer un cadran à la pointe du grand clocher de la Maison de Ville, ajustant de telle maniere les mouvemens diurnes & annuels du Soleil avec le vent, qu'ils pûssent s'accorder avec le mouvement de la giroüette.

Je me sentois depuis quelques momens une legere douleur de colique, lorsque mon Conducteur me fit entrer fort à propos dans la chambre d'un grand Medecin, qui étoit devenu très-celebre par le secret de guérir la colique d'une maniere tout-à-fait merveilleuse. Il avoit un grand soufflet, dont le tuyau étoit d'yvoire : c'étoit en insinuant plusieurs fois ce tuyau dans l'anus qu'il prétendoit, par cet espece de clistere de vent, attirer tous les vents interieurs, & purger ainsi les entrailles attaquées de la colique: il fit son operation sur un chien, qui par malheur en créva sur le champ; ce qui déconcerta fort nôtre Docteur, & ne me fit pas naître l'envie d'avoir recours à son remede.

Après avoir visité le Bâtiment des arts, je passai dans l'autre corps de logis, où étoient les faiseurs de sistêmes par raport aux Sciences. Nous entrâmes d'abord dans l'Ecole du langage, où nous trouvâmes trois Académiciens, qui raisonnoient ensemble sur les moyens d'embellir la langue.

L'un d'eux étoit d'avis, pour abreger le discours, de réduire tous les mots en simples monosillabes, & de bannir tous les verbes & tous les participes.

L'autre alloit plus loin & proposoit une maniere d'abolir tous les mots, en sorte qu'on raisonneroit sans parler. Ce qui seroit très-favorable à la poitrine, parce qu'il est clair qu'à force de parler, les poumons s'usent, & la santé s'altere. L'expedient qu'il trouvoit, étoit de porter sur soi toutes les choses dont on voudroit s'entretenir. Ce nouveau sistême, dit-on, auroit été suivi, si les femmes ne s'y fussent opposées. Plusieurs esprits superieurs de cette Academie ne laissoient pas néanmoins de se conformer à cette maniere d'exprimer les choses par les choses mêmes, ce qui n'étoit embarassant pour eux, que lorsqu'ils avoient à parler de plusieurs sujets differens : alors il leur falloit apporter sur leur dos des fardeaux énormes, à moins qu'ils n'eussent un ou deux valets bien forts, pour s'épargner cette peine. Ils prétendoient que si ce sistême avoit lieu, toutes les nations pourroient facilement s'entendre, (ce qui seroit d'une grande commodité) & qu'on ne perdroit plus le temps à apprendre des Langues étrangeres.

De là nous entrâmes dans l'Ecole de Mathematique, dont le Maître enseignoit à ses disciples une méthode que les Européens auront de la peine à s'imaginer. Chaque proposition, chaque démonstration étoit écrite sur du pain-à-chanter, avec une certaine encre de teinture céphalique. L'Ecolier à jeun étoit obligé, après avoir avalé ce pain-à-chanter, de s'abstenir de boire & de manger pendant trois jours, en sorte que le pain-à-chanter étant digéré, la teinture céphalique pût monter au cerveau, & y porter avec elle la proposition & la démonstration. Cette méthode, il est vrai, n'avoit pas eu beaucoup de succès jusqu'ici; mais c'étoit, disoit-on, parce que l'on s'étoit trompé quelque peu dans le *q. s.* c'est-à-dire, dans la mesure de la dose; ou parce que les Ecoliers malins & indociles faisoient seulement semblant d'avaler le bolus, ou bien parce qu'ils alloient trop tôt à la selle, ou qu'ils mangeoient en cachette pendant les trois jours.

CHAPITRE VI.

Suite de la description de l'Academie.

JE ne fus pas fort satisfait de l'Ecole de Politique, que je visitai ensuite. Ces Docteurs me parurent peu sensés, & la vûë de telles personnes a le don de me rendre toûjours mélancolique. Ces hommes extravagans soutenoient que les Grands devoient choisir pour leurs Favoris, ceux en qui ils remarquoient plus de sagesse, plus de capacité, plus de vertu; & qu'ils devoient avoir toûjours en vûë le bien public, récompenser le mérite, le sçavoir, l'habileté & les services: ils disoient encore que les Princes devoient toûjours donner leur confiance aux personnes les plus capables & les plus experimentées; & autres pareilles sottises & chimeres, dont peu de Princes se sont avisés jusqu'ici, ce qui me confirma la verité de cette pensée admirable de Ciceron., *qu'il n'y a rien de si absurde qui n'ait été avancé par quelque Philosophe.*

 Mais tous les autres membres de l'Academie ne ressembloient pas, à ces Originaux dont je viens de parler. Je vis un Medecin d'un esprit sublime, qui possedoit à fond la science du Gouvernement. Il avoit consacré ses veilles jusqu'ici, à découvrir les causes des maladies d'un Etat, & à trouver des remedes pour guérir le mauvais témperamment de ceux qui administrent les affaires publiques. On convient, disoit-il, que le corps naturel & le corps politique, ont entre eux une parfaite analogie. Donc l'un & l'autre peuvent être traités avec les mêmes remedes. Ceux qui sont à la tête des affaires ont souvent les maladies qui suivent. Ils sont pleins d'humeurs en mouvement, qui leur affoiblissent la tête & le cœur, & leur causent quelquefois des convulsions & des contractions de nerfs à la main droite, une faim canine, des indigestions, des vapeurs, des délires & autres sortes de maux. Pour les guérir, nôtre grand Medecin proposoit, que lorsque ceux qui manient les affaires d'Etat, seroient sur le point de s'assembler, on leur tâteroit le pouls, & que par-là on tacheroit de connoître la nature de leur maladie; qu'ensuite la premiere fois qu'ils s'assembleroient encore, on leur envoyeroit avant la séance, des Apoticaires, avec des remedes astringens, palliatifs, laxatifs, cephalalgiques, isteriques, apophlegmatiques, acoustiques, &c. selon la qualité du mal, & en réiterant toûjours le même remede à chaque séance.

L'exécution de ce projet ne seroit pas d'une grande dépense, & seroit, selon mon idée, très-utile dans les païs où les Etats & les Parlemens se mêlent des affaires d'Etat : elle procureroit l'unanimité, termineroit les differens, ouvriroit la bouche aux muets, la fermeroit aux déclamateurs, calmeroit l'impétuofité des jeunes Senateurs, échaufferoit la froideur des vieux, reveilleroit les ftupides, ralentiroit les étourdis.

Et parce que l'on fe plaint ordinairement que les Favoris des Princes ont la memoire courte & malheureufe, le même Docteur vouloit que quiconque auroit affaire à eux, après avoir expofé le cas en très-peu de mots, eut la liberté de donner à M. le Favori, un chiquenaude dans le nés, un coup de pié dans le ventre, de lui tirer les oreilles, ou de lui ficher une épingle dans les feffes, & tout cela pour l'empêcher d'oublier l'affaire dont on lui auroit parlé; en forte qu'on pourroit réïtérer de tems en tems le même compliment, jufqu'à ce que la chofe fut accordée ou refufée tout-à-fait.

Il vouloit auffi que chaque Senateur, dans l'Affemblée generale de la Nation, après avoir propofé fon opinion, & avoir dit tout ce qu'il auroit à dire pour la foûtenir, fut obligé de conclure à la proposition contradictoire, parce qu'infailliblement le résultat de ces Assemblées seroit par-là très-favorable au bien Public.

Je vis deux Academiciens disputer avec chaleur sur le moyen de lever des Impôts sans faire murmurer les Peuples. L'un soutenoit que la meilleure methode seroit d'imposer une taxe sur les vices, & sur les folies des hommes, & que chacun seroit taxé suivant le Jugement & l'estimation de ses voisins. L'autre Academicien étoit d'un sentiment entierement opposé, & prétendoit au contraire, qu'il falloit taxer les belles qualités du corps & de l'esprit, dont chacun se piquoit, & les taxer plus ou moins selon leurs degrés ; en sorte que chacun seroit son propre Juge, & feroit lui-même sa déclaration. La plus forte taxe devoit être imposée sur les Mignons de Venus, sur les Favoris du beau Sexe, à proportion des faveurs qu'ils auroient reçûes, & l'on s'en devoit raporter encore sur cet article à leur propre déclaration. Il falloit auſſi taxer fortement l'eſprit & la valeur, ſelon l'aveu que chacun feroit de ces qualités. Mais à l'égard de l'honneur, de la probité, de la ſageſſe, de la modeſtie, on exemptoit ces vertus de toute taxe, vû qu'étant trop rares, elles ne rendroient preſque rien, qu'on ne rencontreroit perſonne qui voulut avoüer qu'elles ſe trouvaſſent dans ſon voiſin, & que preſque perſonne auſſi n'auroit l'effronterie de ſe les attribuer à lui-même.

On devoit pareillement taxer les Dames à proportion de leur beauté, de leur agrémens, & de leur bonne grace, ſuivant leur propre eſtimation, comme on faiſoit à l'égard des hommes. Mais pour la fidélité, la ſincerité, le bon ſens, & le bon naturel des femmes, comme elles ne s'en piquent point, cela ne devoit rien payer du tout ; parce que tout ce qu'on en pourroit retirer ne ſuffiroit pas pour les frais du recouvrement.

Afin de retenir les Senateurs dans l'interêt de la Couronne, un autre Academicien politique étoit d'avis qu'il falloit que le Prince fît joüer tous les grands Emplois à la rafle; de façon cependant que chaque Senateur, avant que de joüer, fît serment & donnât caution qu'il opineroit ensuite selon les intentions de la Cour, soit qu'il gagnât ou non; mais que les perdans auroient ensuite droit de joüer dès qu'il y auroit quelque Emploi vacant. Ils seroient ainsi toûjours pleins d'esperance; ils ne se plaindroient point des fausses promesses qu'on leur auroit données, & ne s'en prendroient qu'à la Fortune, dont les épaules sont toûjours plus fortes que celles du Ministere.

Un autre Académicien me fit voir un écrit contenant une méthode curieuse, pour découvrir les complots & les cabales; qui étoit d'examiner la nourriture des personnes suspectes, le tems auquel elles mangent, le côté sur lequel elles se couchent dans leur lit, & de quelle main elles se torchent le derriere; de considerer leurs excrémens, & de juger par leur odeur & leur couleur des pensées & des projets d'un homme; d'autant que selon lui les pensées ne sont jamais plus sérieuses, & l'esprit n'est jamais si recüeilli que lorsqu'on est à la selle; ce qu'il avoit éprouvé lui-même. Il ajoûtoit, que lorsque pour faire seulement des experiences, il avoit par fois songé à l'assassinat d'un homme, il avoit alors trouvé ses excremens très-jaunes, & que lorsqu'il avoit pensé à se révolter & à brûler la Capitale, il les avoit trouvez d'une couleur très-noire.

Je me hazardai d'ajoûter quelque chose au sistême de ce Politique. Je lui dis qu'il seroit bon d'entretenir toûjours une troupe d'espions & de délateurs qu'on protegeroit, & ausquels on donneroit toûjours une somme d'argent proportionnée à l'importance de leur dénonciation, soit qu'elle fut fondée ou non; que par ce moyen les Sujets seroient retenus dans la crainte & dans le respect; que ces délateurs & accusateurs seroient autorisés à donner quel sens il leur plairoit aux écrits

A LAPUTA, &c.

qui leur tomberoient entre les mains, qu'ils pourroient par exem- interpreter ainsi les termes suivans,

Un crible,	*une grande Dame de la Cour.*
Un chien boiteux,	*une descente, une invasion.*
La peste,	*une Armée sur pié.*
Une Buze,	*un Favori.*
La goute,	*un grand Prêtre.*
Un pot de chambre,	*un Committé.*
Un balai,	*une révolution.*
Une souriciere,	*un Emploi de finance.*
Un égout,	*La Cour.*
Un Chapeau & un Ceinturon,	*une Maîtresse.*
Un roseau brisé,	*la Cour de Justice.*
Un tonneau vuide,	*un General.*
Une playe ouverte,	*l'état des affaires publiques.*

Tome II.

On pourroit encore obferver l'anagramme de tous les noms cités dans un écrit : mais il faudroit pour cela des hommes de la plus haute pénétration & du plus fublime génie, fur tout quand il s'agiroit de découvrir le fens politique & mifterieux des lettres initiales. Ainfi, N, pourroit fignifier un complot, B, un Régiment de Cavalerie, L, une Flotte. Outre cela, en tranfpofant les lettres, on pourroit appercevoir dans un écrit tous les deffeins cachés d'un parti mécontent : par exemple, vous lifez dans une lettre écrite à un Ami ; *vôtre frere Thomas a les hemorroïdes*; l'habile déchifreur trouvera, dans l'affemblage de ces mots indifferens, une phrafe qui fera entendre que tout eft prêt pour une fédition.

L'Académicien me fit de grands remercimens de lui avoir communiqué ces petites obfervations, & me promit de faire de moi une mention honorable dans le Traité qu'il alloit mettre au jour fur ce fujet.

A LAPUTA, &c. 67

Je ne vis rien dans ce païs qui pût m'engager à y faire un plus long séjour, ainsi je commençai à songer à mon retour en Angleterre.

CHAPITRE VII.

L'Auteur quitte Lagado, *& arrive à* Maldonada. *Il fait un petit voyage à* Glubbdubdrib. *Comment il est reçû par le Gouverneur.*

LE Continent, dont ce Royaume fait une partie, s'étend autant que j'en puis juger à l'Est vers une contrée inconnuë de l'Amérique, à l'Oüest vers la Californie, & au Nord vers la Mer pacifique. Il n'est pas à plus de mille cinquante lieuës de *Lagado*. Ce Païs a un Port celebre & un grand commerce avec l'Isle de *Luggnagg*, située au Nord-Oüest, environ à vingt degrés de latitude Septentrionale, & à cent-quarante de Longitude. L'Isle de *Luggnagg* est au Sud-Oüest du *Japon*, & en est éloignée environ de cent lieuës. Il y a une étroite alliance entre l'Empereur du *Japon* & le Roi de *Luggnagg* ; ce qui fournit plusieurs occasions d'aller d'une Isle à l'autre. Je résolus pour cette raison de prendre ce chemin pour retourner en Europe. Je loüai deux mules, avec un guide, pour porter mon bagage, & me montrer le chemin. Je pris congé de mon illustre Protecteur qui m'avoit témoigné tant de bonté, & à mon départ j'en reçûs un magnifique present.

Il ne m'arriva pendant mon voïage aucune avanture qui mérite d'être rapportée. Lorsque je fus arrivé au Port de *Maldonada*, qui est une Ville environ de la grandeur de *Portsmouth*, il n'y avoit point de Vaisseau dans le Port prêt à partir pour *Luggnagg*. Je fis bien-tôt quelques connoissances dans la Ville : un Gentilhomme de distinction me dit, que puisqu'il ne partiroit aucun Navire pour *Luggnagg* que dans un mois, je ferois bien de me divertir à faire un petit voyage à l'Isle de *Glubbdubdrib*, qui n'étoit éloignée que de cinq lieuës vers le Sud-Oüest. Il s'offrit lui-même d'être de la partie avec un de ses amis, & de me fournir une petite barque.

Glubbdubdrib, selon son étimologie, signifie l'Isle des Sorciers ou Magiciens. Elle est environ trois fois aussi large que l'Isle de *Wight*, & est très-fertile. Cette Isle est sous la puissance du chef d'une Tribu toute composée de Sorciers, qui ne s'allient qu'entre eux, & dont le Prince est toûjours le plus ancien de la Tribu. Ce Prince ou Gouverneur a un Palais magnifique & un Parc d'environ trois mille acres, entouré d'un mur de pierre de taille de vingt pieds de haut. Lui & toute sa famille sont servis par des domestiques d'une espece assés extraordinaire. Par la connoissance qu'il a de la Nécromancie, il a le pouvoir d'évoquer les esprits, & de les obliger à le servir pendant vingt-quatre heures.

Lorsque nous abordâmes à l'Isle, il étoit environ onze heures du matin. Un des deux Gentilshommes qui m'accompagnoient, alla trouver le Gouverneur, & lui dit qu'un

Etranger souhaitoit d'avoir l'honneur de saluer Son Altesse. Ce compliment fut bien reçû. Nous entrâmes dans la Cour du Palais, & passâmes au milieu d'une haye de Gardes, dont les armes & les attitudes me firent une peur extrême : nous traversâmes les Appartemens, & rencontrâmes une foule de domestiques, avant que de parvenir à la chambre du Gouverneur. Après que nous lui eûmes fait trois révérences profondes, il nous fit asseoir sur de petits tabourets au pié de son Trône. Comme il entendoit la Langue des *Balnibarbes*, il me fit differentes questions au sujet de mes voyages, & pour me marquer qu'il vouloit en agir avec moi sans cérémonie, il fit signe avec le doigt à tous ses gens de se retirer; & en un instant (ce qui m'étonna beaucoup) ils disparurent comme une fumée. J'eus de la peine à me rassûrer; mais le Gouverneur m'ayant dit que je n'avois rien à craindre, & voyant mes deux compagnons nullement embarassés, parce qu'ils étoient faits à ces manieres, je commençai à prendre courage, & racontai à Son Alteſſe les differentes avantures de mes voyages, non ſans être troublé de temps en tems par ma ſotte imagination, regardant ſouvent autour de moi à gauche & à droite, & jettant les yeux ſur le lieu où j'avois vû les phantômes diſparoître.

J'eus l'honneur de dîner avec le Gouverneur qui nous fit ſervir par une nouvelle troupe de Spectres. Nous fûmes à table juſqu'au coucher du Soleil, & ayant prié Son Alteſſe de vouloir bien que je ne couchaſſe pas dans ſon Palais, nous nous retirâmes mes deux amis & moi, & allâmes chercher un lit dans la Ville Capitale, qui eſt proche : le lendemain matin, nous revînmes rendre nos devoirs au Gouverneur. Pendant les dix jours que nous reſtâmes dans cette Iſle, je vins à me familiariſer tellement avec les Eſprits, que je n'en eus plus de peur du tout, ou du moins, s'il m'en reſtoit encore un

peu

peu, elle cédoit à ma curiosité. J'eus bien-tôt une occasion de la satisfaire & le Lecteur pourra juger par-là, que je suis encore plus curieux que poltron. Son Altesse me dit un jour de lui nommer tels Morts qu'il me plairoit, qu'il me les feroit venir, & les obligeroit de répondre à toutes les questions que je leur voudrois faire : à condition toutefois que je ne les interrogerois que sur ce qui s'étoit passé de leur temps ; & que je pourrois être bien assûré qu'ils me diroient toûjours vrai, étant inutile aux morts de mentir.

Je rendis de très-humbles actions de graces à Son Altesse, & pour profiter de ses offres, je me mis à me rappeller la mémoire de ce que j'avois autrefois lû, dans l'Histoire Romaine. D'abord il me vint dans l'esprit de demander à voir cette fameuse Lucrece que Tarquin avoit violée, & qui ne pouvant survivre à cet affront s'étoit tuée elle-même. Aussi-tôt je vis devant moi une Dame très-belle, habillée à la Romaine. Je pris la liberté de lui demander pourquoi elle avoit vangé sur elle-même le crime d'un autre. Elle baissa les yeux & me répondit que les Historiens, de peur de lui donner de la foiblesse lui, avoient donné de la folie : aussi-tôt elle disparut.

Le Gouverneur fit signe à Cesar & à Brutus de s'avancer. Je fûs frappé d'admiration & de respect à la vûë de Brutus ; & Cesar m'avoüa que toutes ses belles actions étoient au dessous de celle de Brutus, qui lui avoit ôté la vie, pour délivrer Rome de sa tyrannie.

Il me prit envie de voir Homere. Il m'apparut, je l'entretins & lui demandai ce qu'il pensoit de son Iliade. Il m'avoüa qu'il étoit surpris des loüanges excessives qu'on lui donnoit depuis trois mille ans, que son Poëme étoit médiocre & semé de sottises ; qu'il n'avoit plû de son tems, qu'à cause de la beauté de sa diction & de l'harmonie de ses vers, & qu'il étoit fort surpris que puisque sa Langue étoit morte, & que personne n'en pouvoit plus distinguer les beautés, les agrémens & les finesses, il se trouvât encore des gens assés vains ou assés stupides pour l'admirer. Sophocle & Euripide, qui l'accompagnoient, me tinrent à peu près le même langage, & se mocquerent sur tout de nos Sçavans modernes, qui obligez de convenir des bevûës des anciennes tragedies, lorsqu'elles étoient fidelement traduites, soûtenoient neanmoins qu'en Grec c'étoient des beautés, & qu'il falloit sçavoir le Grec pour en juger avec équité.

Je voulus voir Aristote & Descartes. Le premier m'avoüa qu'il n'avoit rien entendu à la Phisique, non plus que tous les Philosophes ses contemporains, & tous ceux même qui avoient vêcu entre lui & Descartes. Il ajoûta que celui-ci avoit pris un bon chemin; quoi qu'il se fut souvent trompé, sur tout par rapport à son sistême extravagant touchant l'ame des bêtes. Descartes prit la parole, & dit qu'il avoit trouvé quelque chose, &

avoit sçû établir d'assés bons principes ; mais qu'il n'étoit pas allé fort loin, & que tous ceux qui deformais voudroient courir la même carriere, seroient toûjours arrêtés par la foiblesse de leur esprit, & obligés de tâtonner; que c'étoit une grande folie de passer sa vie à chercher des sistêmes, & que la vraïe Phisique convenable & utile à l'homme étoit de faire un amas d'experiences & de se borner là : qu'il avoit eu beaucoup d'insensés pour disciples, parmi lesquels on pouvoit compter un certain Spinosa.

J'eus la curiosité de voir plusieurs Morts illustres de ces derniers tems, & sur tout des Morts de qualité; car j'ai toûjours eu une grande vénération pour la Noblesse. O que je vis de choses étonnantes, lorsque le Gouverneur fit passer en revûë devant moi toute la suite des ayeux de la plûpart de nos Ducs, de nos Marquis, de nos Comtes, & de nos Gentilshommes modernes ! Que j'eus de plaisir à voir leur origine, & tous les personnages qui leur ont transmis leur sang. Je vis clairement pourquoi certaines familles ont le nez long, d'autres le menton pointu, d'autres ont le visage basané & les traits effroïables, d'autres ont les yeux beaux, & le teint blond & délicat : Pourquoi dans certaines Familles il y a beaucoup de foux & d'étourdis ; dans d'autres beaucoup de fourbes & de fripons : pourquoi le caractere de quelques-unes, est la méchanceté, la brutalité, la bassesse, la lâcheté ; ce qui les distingue comme leurs armes & leurs livrées. Je compris enfin la raison pour laquelle Polidore Virgile avoit dit au sujet de certaines Maisons,

Nec vir fortis nec fœmina casta.

Ce qui me parût le plus remarquable, fut de voir ceux qui ayant originairement porté le mal immonde dans certaines Familles, avoient fait ce triste present à toute leur posterité. Que je fus encore surpris de voir dans la genéalogie de certains Seigneurs, des Pages, des Laquais, des Maîtres à danser, & à chanter, &c.

Je connus clairement pourquoi les Historiens ont transformé des Guerriers imbécilles & lâches, en grands Capitaines; des insensés & de petits génies en grands politiques; des flâteurs & des Courtisans en gens de bien; des Athées en hommes pleins de Religion; d'infames débauchés en gens chastes; & des délateurs de profession en hommes vrais & sinceres. Je sçûs de quelle maniere des personnes très-innocentes avoient été condamnées à la mort ou au bannissement, par l'intrigue des Favoris qui avoient corrompu les Juges; comment il étoit arrivé que des hommes de basse extraction & sans mérite, avoient été élevés aux plus grandes places; comment les P. & les M. avoient souvent donné le branle aux plus importantes affaires, & avoient occasionné dans l'Univers les plus grands événemens. O que je conçûs alors une basse idée de l'humanité! que la sagesse & la probité des hommes me parût peu de chose, en voyant la source de toutes les révolutions, le motif honteux des entreprises les plus éclatantes, les ressorts, ou plûtôt les accidens imprévûs, & les bagatelles, qui les avoient fait réüssir !

Je découvris l'ignorance & la témérité de nos Historiens, qui ont fait mourir de poison certains Rois, qui ont osé faire part au public des entretiens secrets d'un Prince avec son premier Ministre, & qui ont, si on les en croît, crocheté pour ainsi dire les Cabinets des Souverains, & les Secretaireries des Ambassadeurs, pour en tirer des anecdotes curieuses.

Ce fut là que j'appris les causes secretes de quelques évenemens qui ont étonné le monde : comment une P. avoit gouverné un Confident, un Confident le Conseil secret, & le Conseil secret tout un Parlement.

Un General d'Armée m'avoüa qu'il avoit une fois remporté une victoire par sa poltronnerie, & par son imprudence ; & un Amiral me dit, qu'il avoit battu malgré lui une Flotte ennemie, lorsqu'il avoit envie de laisser battre la sienne. Il y eut trois Rois qui me dirent que sous leur régne ils n'avoient jamais récompensé ni élevé aucun homme de mérite, si ce n'est une fois, que leur Ministre les trompa & se trompa lui-même sur cet article ; qu'en cela ils avoient eu raison, la vertu étant une chose très-incommode à la Cour.

J'eus la curiosité de m'informer par quel moyen un grand nombre de personnes étoient parvenuës à une très-haute fortune. Je me bornai à ces derniers tems, sans néanmoins toucher au tems present, de peur d'offenser même les Etrangers (car il n'est pas nécessaire que j'avertisse, que tout ce que j'ai dit jusqu'ici ne regarde point mon cher païs.) Parmi ces moyens, je vis le parjure, l'oppression, la subornation, la perfidie, * le *Pandarisme*, & autres pa-

* En Anglois *Pandarism*, mot forgé, qu'on rend ici sans le traduire, & qui s'entend aisément.

reilles bagatelles qui méritent peu d'attention. Mais ce qui en mérite davantage, c'est que plusieurs confesserent qu'ils devoient leur élevation à la facilité qu'ils avoient euë, les uns de se prêter aux plus horribles débauches, les autres de livrer leurs femmes & leurs filles, d'autres de trahir leur Patrie & leur Souverain, & quelques-uns de se servir du poison. Après ces découvertes, je crois qu'on me pardonnera d'avoir désormais un peu moins d'estime & de veneration pour la Grandeur, que j'honore & respecte naturellement, comme tous les inferieurs doivent faire, à l'égard de ceux que la nature ou la fortune ont placés dans un rang supérieur.

J'avois lû dans quelques livres, que des Sujets avoient rendu de grands services à leur Prince & à leur Patrie. J'eus envie de les voir, mais on me dit qu'on avoit oublié leur nom, & qu'on se souvenoit seulement de quelques-uns, dont les Historiens avoient fait mention, en les faisant passer pour des traîtres &

des fripons. Ces gens de bien, dont on avoit oublié les noms, parurent cependant devant moi; mais avec un air humilié, & en mauvais équipage: ils me dirent qu'ils étoient tous morts dans la pauvreté, & dans la difgrace, & quelques-uns même fur un échaffaut.

Parmi ceux-ci, je vis un homme, dont le cas me parût extraordinaire, qui avoit à côté de lui un jeune homme de dix-huit ans. Il me dit qu'il avoit été Capitaine de Vaiffeau pendant plufieurs années; & que dans le combat naval d'*Actium*, il avoit enfoncé la premiere ligne, coulé à fond trois Vaiffeaux du premier rang, & en avoit pris un de la même grandeur, ce qui avoit été la feule caufe de la fuite d'*Antoine* & de l'entiere défaite de fa Flotte: que le jeune homme, qui étoit auprès de lui, étoit fon fils unique qui avoit été tué dans le combat. Il m'ajoûta que la guerre aïant été terminée, il vint à Rome pour folliciter une récompenfe, & demander le commandement d'un plus gros Vaiffeau, dont le Capitaine avoit peri dans le combat. Mais que fans avoir égard à fa demande, cette place avoit été donnée à un jeune homme, qui n'avoit encore jamais vû la Mer, fils d'un certain Affranchi qui avoit fervi une des Maîtreffes de l'Empereur ; qu'étant retourné à fon département, on l'avoit accufé d'avoir manqué à fon devoir, & que le commandement de fon Vaiffeau avoit été donné à un Page, favori du Vice Amiral *Publicola* ; qu'il avoit été alors obligé de fe retirer chés lui à une petite Terre, loin de Rome, & qu'il y avoit fini fes jours. Defirant fçavoir fi cette hiftoire étoit veritable, je demandai à voir *Agrippa*, qui dans ce combat avoit été l'Amiral de la Flotte victorieufe. Il parût, & me confirmant la verité de ce recit, il y ajoûta des circonftances, que la modeftie du Capitaine avoit ômifes.

Comme chacun des perfonnages qu'on évoquoit, paroiffoit tel qu'il avoit été dans le monde, je vis avec douleur combien depuis cent ans, le genre humain avoit dégénéré, combien la débauche, avec toutes ses conséquences, avoit altéré les traits du visage, rappetissé les corps, retiré les nerfs, relâché les muscles, effacé les couleurs & corrompu la chair des Anglois.

Je voulus voir enfin quelques-uns de nos anciens Païsans, dont on vante tant la simplicité, la sobriété, la justice, l'esprit de liberté, la valeur & l'amour pour la Patrie. Je les vis, & ne pûs m'empêcher de les comparer avec ceux d'aujourd'hui, qui vendent à prix d'argent leurs suffrages, dans l'élection des Députés au Parlement, & qui sur ce point ont toute la finesse & tout le manége des gens de Cour.

CHAPITRE VIII.

Retour de l'Auteur à Maldonada. Il fait voile pour le Royaume de Luggnagg. A son arrivée, il est arrêté & conduit à la Cour. Comment il y est reçû.

LE jour de nôtre départ étant arrivé, je pris congé de Son Altesse le Gouverneur de *Glubbdubdribb*, & retournai avec mes deux compagnons à *Maldonada*, ou après avoir attendu quinze jours, je m'embarquai enfin dans un Navire qui partoit pour *Luggnagg*. Les deux Gentilhommes, & quelques autres personnes encore, eurent l'honnêteté de me fournir les provisions nécessaires pour ce voyage, & de me conduire jusqu'à bord. Nous essuyâmes une violente tempête & fûmes contraints de gouverner au Nord, pour pouvoir joüir d'un certain vent marchand, qui souffle en cet endroit dans l'espace de soixante lieuës. Le 21. Avril 1711. nous entrâmes dans la riviere de *Clumegnig*, qui est une Ville port de Mer, au Sud-Est de *Luggnagg*. Nous jettâmes l'ancre à une lieuë de la Ville, & donnâmes le signal pour faire venir un Pilote. En moins d'une demie heure, il en vint deux à bord, qui nous guidérent au milieu des écuëils & des rochers qui sont très-dangereux dans cette rade & dans le passage qui conduit à un bassin, où les Vaisseaux sont en sûreté, & qui est éloigné des murs de la Ville, de la longueur d'un cable.

Quelques-uns de nos Matelots, soit par trahison, soit par imprudence, dirent aux Pilotes que j'étois un Etranger & un grand voyageur. Ceux-ci en avertirent le Commis de la Doüane, qui me fit diverses questions dans la langue *Balnibarbienne*, qui est entenduë en cette Ville, à cause du commerce, & sur tout par les gens de Mer & les Doüaniers. Je lui répondis en peu de mots, & lui fis une histoire aussi vrai-semblable & aussi suivie qu'il me fut possible. Mais je crûs qu'il étoit nécessaire de déguiser mon païs, & de me dire Hollandois, ayant dessein d'aller au *Japon*, où je sçavois que les Hollandois seuls étoient reçûs. Je dis donc au Commis qu'ayant fait naufrage à la côte des *Balnibarbes*, & ayant échoüé sur un rocher, j'avois été dans l'Isle volante de *Laputa*, dont j'avois souvent oüi parler, & que maintenant je songeois à me rendre au *Japon*, afin de pouvoir retourner de là dans mon païs. Le Commis me dit qu'il étoit obligé de m'arrêter, jusqu'à ce qu'il eut reçû des ordres de la Cour, où il alloit écrire immédiatement, & d'où il esperoit recevoir réponse dans quinze jours. On me donna un logement convenable, & on mit un sentinelle à ma porte. J'avois un grand jardin pour me promener, & je fus traité assés bien aux dépens du Roy. Plusieurs personnes me rendirent visite, excitées par la curiosité de voir un homme qui venoit d'un païs très-éloigné, dont ils n'avoient jamais entendu parler.

Je fis marché avec un jeune homme de nôtre Vaisseau, pour me servir d'interpréte. Il étoit natif de *Luggnagg*, mais ayant passé plusieurs années à *Maldonada*, il sçavoit parfaitement les deux Langues. Avec son secours, je fus en état d'entretenir tous ceux qui me faisoient l'honneur de me venir voir, c'est-à-dire d'entendre leur questions, & de leur faire entendre mes réponses.

Celle de la Cour, vint au bout de quinze jours, comme on l'attendoit ; elle portoit un ordre de me faire conduire avec ma suite, par un détachement de chevaux à *Traldragenbh* ou *Trildragdrib*, car autant que je m'en puis souvenir, on prononçe des deux manieres. Toute ma suite consistoit en ce pauvre garçon, qui me servoit d'interprete, & que j'avois pris à mon service. On fit partir un Courrier devant nous, qui nous devança

vança d'une demie journée, pour donner avis au Roy de mon arrivée prochaine, & pour demander à Sa Majesté le jour & l'heure que je pourois avoir l'honneur & le plaisir de *lécher la poussiere du pié de son Trône*.

Deux jours après mon arrivée, j'eus audiance, & d'abord on me fit coucher & ramper sur le ventre, & balayer le plancher avec ma langue, à mesure que j'avançois vers Trône du Roy. Mais parce que j'étois étranger, on avoit eu l'honnêteté de nettoïer le plancher, de maniere que la poussiere ne me pût faire de peine. C'étoit une grace particuliere, qui ne s'accordoit pas même aux personnes du premier rang, lorsqu'ils avoient l'honneur d'être reçûs à l'audiance de Sa Majesté. Quelquefois même on laissoit exprès le plancher très-sale & très-couvert de poussiere, lorsque ceux qui venoient à l'audience avoient des ennemis à la Cour. J'ai une fois vû un Seigneur avoir la bouche si pleine de poussiere, & si souïllée de l'ordure qu'il avoit recuëillie avec sa langue, que quand il fut parvenu au Trône, il lui fut impoſſible d'articuler un ſeul mot. A ce malheur il n'y a point de remede ; car il eſt deffendu ſous des peines très-griéves, de cracher ou de s'eſſuïer la bouche en preſence du Roi. Il y a même en cette Cour un autre uſage, que je ne puis du tout approuver. Lorſque le Roi veut faire mourir quelque Seigneur ou quelque courtiſan, d'une maniere qui ne le deshonore point, il fait jetter ſur le plancher une certaine poudre brune qui eſt empoiſonnée, & qui ne manque point de le faire crever doucement & ſans éclat, au bout de vingt-quatre heures. Mais pour rendre juſtice à ce Prince, à ſa grande douceur, & à la bonté qu'il a de ménager la vie de ſes Sujets, il faut dire à ſon honneur, qu'après de ſemblables executions, il a coûtume d'ordonner très - expreſſément de bien balaïer le plancher, en ſorte que ſi ſes domeſtiques l'oublioient, ils courroient riſque de tomber dans sa disgrace. Je le vis un jour condamner un petit Page à être bien foüetté, pour avoir malicieusement négligé d'avertir de balaïer, dans le cas dont il s'agit ; ce qui avoit été cause qu'un jeune Seigneur de grande esperance avoit été empoisonné. Mais le Prince plein de bonté voulut bien encore pardonner au petit Page, & lui épargner le foüet.

Pour revenir à moi, lorsque je fus à quatre pas du Trône de Sa Majesté, je me levai sur mes genoux, & après avoir frappé sept fois la terre de mon front, je prononçai les paroles suivantes, que la veille on m'avoit fait apprendre par cœur. *Ickpling Glofftrobb sgnutserumm blhiop mlashnalt, zwin tnodbalkguffh sthiophad gurdlubh asht.* C'est un formulaire établi par les Loix de ce Royaume, pour tous ceux qui sont admis à l'audience, & qu'on peut traduire ainsi : *Puisse vôtre celeste Majesté survivre au Soleil.* Le Roy me fit une réponse que je ne compris point, & à laquelle je fis cette replique, comme on me l'avoit apprise, *Fluft drin Valerick dwuldom praſtrod mirpush*, c'eſt-à-dire, *Ma langue eſt dans la bouche de mon ami*. Je fis entendre par-là que je deſirois me ſervir de mon Interprete; alors on fit entrer ce jeune garçon dont j'ai parlé, & avec ſon ſecours je répondis à toutes les queſtions que Sa Majeſté me fit pendant une demie heure. Je parlois *Balnibarbien*, & mon Interprete rendoit mes paroles en *Luggnaggien*.

Le Roi prit beaucoup de plaiſir à mon entretien, & ordonna à ſon *Bliffmarklub* ou Chambellan de faire préparer un logement dans ſon Palais, pour moi & pour mon interprete, & de me donner une ſomme par jour pour ma table, avec une bourſe pleine d'or, pour mes menus plaiſirs.

Je demeurai trois mois en cette Cour, pour obéïr à Sa Majeſté, qui me combla de ſes bontés, & me fit des offres très-gracieuſes, pour m'engager à m'établir dans ſes Etats; mais je crûs devoir le remercier & ſonger plûtôt à retourner dans mon païs, pour y finir mes jours, auprès de ma chere femme privée depuis long-temps des douceurs de ma presence.

CHAPITRE IX.

Des Struldbrugs *ou Immortels.*

LEs *Luggnaggiens* font un peuple très-poli & très-brave, & quoiqu'ils ayent un peu de cet orgueïl qui est commun à toutes les Nations de l'Orient, ils sont néanmoins honnêtes & civils à l'égard des étrangers & sur tout de ceux qui ont été bien reçûs à la Cour. Je fis connoissance & je me liai avec des personnes du grand monde & du bel air, & par le moyen de mon interprete, j'eus souvent avec eux des entretiens agréables & instructifs.

Un d'eux me demanda un jour si j'avois vu quelques-uns de leurs *Struldbrugs*, ou *Immortels*. Je lui répondis que non, & que j'étois fort curieux de sçavoir comment on avoit pû donner ce nom à des Humains. Il me dit que quelquefois

(quoique rarement) il naiſſoit dans une famille un enfant avec une tâche rouge & ronde, placée directement ſur le ſourcil gauche; & que cette heureuſe marque le preſervoit de la mort : que cette tâche étoit d'abord de la largeur d'une petite piece d'argent, (que nous appellons en Angleterre un *Treepenſe*) & qu'enſuite elle croiſſoit & changeoit même de couleur: qu'à l'âge de douze ans elle étoit verte juſqu'à vingt, qu'elle devenoit bleuë; qu'à quarante-cinq ans, elle devenoit tout-à-fait noire & auſſi grande qu'un *Schilling*, & enſuite ne changeoit plus. Il m'ajoûta qu'il naiſſoit ſi peu de ces enfans marqués au front, qu'on comptoit à peine onze cens *Immortels* de l'un & l'autre ſexe dans tout le Royaume; qu'il y en avoit environ cinquante dans la Capitale, & que depuis trois ans il n'étoit né qu'un enfant de cette eſpece, qui etoit fille; que la naiſſance d'un *Immortel* n'étoit point attachée à une famille préferablement à une autre;

que c'étoit un present de la nature ou du hazard, & que les enfans même des *Struldbruggs* naiſſoient mortels comme les enfans des autres hommes, ſans avoir aucun privilége.

Ce recit me rejoüit extrêmement, & la perſonne qui me le faiſoit, entendant la langue des *Balnibarbes*, que je parlois aiſément, je lui témoignai mon admiration & ma joïe, avec les termes les plus expreſſifs, & même les plus outrés. Je m'écriai, comme dans une eſpece de raviſſement & d'entouſiaſme : Heureuſe Nation dont tous les enfans à naître, peuvent pretendre à l'immortalité ! heureuſe contrée où les exemples de l'ancien temps ſubſiſtent toûjours, où la vertu des premiers ſiécles n'a point peri, & où les premiers hommes vivent encore & vivront éternellement, pour donner des leçons de ſageſſe à tous leurs deſcendans. Heureux ces ſublimes *Struldbruggs*, qui ont le privilege de ne point mourir, & que par conſéquent l'idée de la mort n'intimide n'intimide point, n'affoiblit point, n'abat point !

Je témoignai ensuite que j'étois surpris de n'avoir encore vû aucun de ces *Immortels* à la Cour ; que s'il y en avoit, la marque glorieuse empreinte sur leur front m'auroit sans doute frappé les yeux. Comment, ajoûtai-je, le Roi, qui est un Prince si judicieux, ne les employe-t'il point dans le Ministere, & ne leur donne-t'il point sa confiance ? Mais peut-être que la vertu rigide de ces vieillards l'importuneroit & blesseroit les yeux de sa Cour. Quoi qu'il en soit, je suis résolu d'en parler à Sa Majesté, à la premiere occasion qui s'offrira ; & soit qu'il défére à mes avis ou non, j'accepterai en tout cas l'établissement qu'il a eu la bonté de m'offrir dans ses Etats, afin de pouvoir passer le reste de mes jours dans la compagnie illustre de ces hommes immortels, pourvû qu'ils daignent souffrir la mienne.

Celui à qui j'adressois la parole, me regardant alors avec un soûris qui marquoit que mon ignorance lui faifoit pitié, me répondit qu'il étoit ravi que je vouluffe bien refter dans le païs, & me demanda la permiffion d'expliquer à la compagnie ce que je venois de lui dire : il le fit, & pendant quelque temps ils s'entretinrent enfemble dans leur langage que je n'entendois point. Je ne pus même lire ni dans leurs geftes ni dans leurs yeux l'impreffion que mon difcours avoit fait fur leurs efprits. Enfin la même perfonne qui m'avoit parlé jufques-là, me dit poliment, que fes amis étoient charmés de mes réfléxions judicieufes fur le bonheur & les avantages de l'immortalité ; mais qu'ils fouhaitoient fçavoir quel fyftême de vie je me ferois, & qu'elles feroient mes occupations & mes vûës, fi la nature m'avoit fait naître. *Struldbrugg.*

À cette queftion intereffante, je répartis que j'allois les fatisfaire fur le champ, avec plaifir ; que les fuppofitions & les idées me coûtoient peu, & que j'étois accoûtumé m'imaginer ce que j'aurois fait, si j'eusse été Roy, Général d'Armée, ou Ministre d'Etat: que par rapport à l'immortalité, j'avois aussi quelquefois médité sur la conduite que je tiendrois, si j'avois à vivre éternellement; & que puisqu'on le vouloit, j'allois sur cela donner l'essort à mon imagination.

Je dis donc, que si j'avois eu l'avantage de naître *Struldbrugg*, aussi-tôt que j'aurois pû connoître mon bonheur, & sçavoir la difference qu'il y a entre la vie & la mort, j'aurois d'abord mis tout en œuvre pour devenir riche; & qu'à force d'être intriguant, souple & rampant, j'aurois pû esperer de me voir un peu à mon aise au bout de deux cens ans : qu'en second lieu, je me susse appliqué si sérieusement à l'étude dès mes premieres années, que j'aurois pû me flâter de devenir un jour le plus sçavant homme de l'Univers: que j'aurois remarqué avec soin tous les grands événemens; que j'aurois observé avec attention tous les Princes & tous les Ministres d'Etat, qui se succedent les uns aux autres, & aurois eu le plaisir de comparer tous leurs caracteres, & de faire sur ce sujet les plus belles réfléxions du monde : que j'aurois tracé un mémoire fidele & exact de toutes les révolutions de la mode & du langage, & des changemens arrivés aux coûtumes, aux loix, aux mœurs, aux plaisirs mêmes : que par cette étude & ces observations, je serois devenu à la fin un magasin d'antiquités, un Registre vivant, un thresor de connoissances, un Dictionnaire parlant, l'Oracle perpetuel de mes compatriotes & de tous mes contemporains.

Dans cet état, je ne me marierois point, ajoûtai-je, & je ménerois une vie de garçon, gayement, librement, mais avec œconomie, afin qu'en vivant toûjours, j'eusse toûjours de quoi vivre. Je m'occuperois à former l'esprit de quelques jeunes gens, en leur faisant part de mes lumieres & de ma longue experience. Mes vrais amis, mes compagnons, mes confidens seroient mes illuſtres confreres les *Struld-bruggs*, dont je choiſirois une douzaine parmi les plus anciens, pour me lier plus étroitement avec eux. Je ne laiſſerois pas de fréquenter auſſi quelques *Mortels* de mérite, que je m'accoûtumerois à voir mourir, ſans chagrin & ſans regret, leur poſterité me conſolant de leur mort. Ce pourroit même être pour moi un ſpectacle aſſés agréable, de même qu'un Fleuriſte prend plaiſir à voir les tulippes & les œillets de ſon jardin naître, mourir, & renaître.

Nous nous communiquerions mutuellement, entre nous autres *Struldbruggs*, toutes les remarques & obſervations que nous aurions faites ſur la cauſe & le progrès de la corruption du genre humain. Nous en compoſerions un beau Traité de Morale plein de leçons utiles, & capable d'empêcher la nature humaine de dégénerer, comme elle fait de jour en jour, & comme on le lui reproche depuis deux mille ans.

Quel spectacle noble & ravissant, que de voir de ses propres yeux les décadences & les révolutions des Empires, la face de la terre renouvellée, les Villes superbes transformées en viles bourgades, où tristement ensevelies sous leurs ruines honteuses : les Villages obscurs devenus le séjour des Rois & de leurs Courtisans : les Fleuves célebres changés en petits ruisseaux, l'Océan baignant d'autres rivages ; de nouvelles contrées découvertes, un monde inconnu sortant, pour ainsi dire, du cahos : la barbarie & l'ignorance répanduë sur les nations les plus polies & les plus éclairées; l'imagination éteignant le jugement, le jugement glaçant l'imagination; le goût des sistêmes, des paradoxes, de l'enflûre, des pointes & des antitheses étouffant la raison & le bon goût : la verité opprimée dans un temps, & triomphant dans l'autre; les persecutés devenus persecuteurs, & les persecuteurs persecutés à leur tour; les superbes abaissez & les humbles élevés : des esclaves, des affranchis, des mercenaires parvenus à une fortune immense & à une richesse énorme, par le maniment des deniers publics, par les malheurs, par la faim, par la soif, par la nudité, par le sang des peuples ; enfin la posterité de ces brigands publics, rentrée dans le néant, d'où l'injustice & la rapine l'avoient tirée ?

Comme dans cet état d'immortalité, l'idée de la mort ne seroit jamais presente à mon esprit pour me troubler, ou pour rallentir mes desirs, je m'abandonnerois à tous les plaisirs sensibles, dont la nature & la raison me permettroient l'usage. Les Sciences seroient néanmoins toûjours mon premier & mon plus cher objet ; & je m'imagine qu'à force de méditer, je trouverois à la fin les *longitudes*, la *quadrature du Cercle*, le *mouvement perpetuel*, la *pierre Philosophale, & le remede universel*; qu'en un mot, je porterois toutes les Sciences & tous les Arts à leur derniere perfection.

Lorsque j'eus fini mon discours, celui qui seul l'avoit entendu, se tourna vers la compagnie, & leur en fit le précis dans le langage du païs; après quoi, ils se mirent à raisonner ensemble un peu de temps, sans pourtant témoigner, au moins par leurs gestes & leurs attitudes, aucun mépris pour ce que je venois de dire. A la fin cette même personne, qui avoit résumé mon discours, fut prié par la compagnie d'avoir la charité de me desiller les yeux, & de me découvrir mes erreurs.

Il me dit d'abord que je n'étois pas le seul Etranger, qui regardât avec étonnement & avec envie l'état des *Struldbruggs* ; qu'il avoit trouvé chés les Balnibarbes & chés les Japonois à peu près les mêmes dispositions ; que le desir de vivre étoit naturel à l'homme ; que celui qui avoit un pié dans le tombeau, s'efforçoit de se tenir ferme sur l'autre, que le vieillard le plus courbé se representoit toûjours un lendemain & un avenir, & n'envisageoit la mort que comme un mal éloigné & à fuïr : mais que dans l'Isle de

Lugnagg on pensoit bien autrement, & que l'exemple familier & la vûë continuelle des *Struldbruggs*, avoit préservé les habitans de cet amour insensé de la vie.

Le sistême de conduite, continua-t'il, que vous vous proposés, dans la supposition de vôtre Estre immortel, & que vous nous avés tracé tout-à-l'heure, est ridicule & tout-à-fait contraire à la raison. Vous avés supposé sans doute que dans cet état vous joüiriés d'une jeunesse perpetuelle, d'une vigueur & d'une santé sans aucune alteration. Mais est-ce là de quoi il s'agissoit, lorsque nous vous avons demandé ce que vous feriés, si vous deviés toûjours vivre ? Avons-nous supposé que vous ne vieilliriez point, & que vôtre prétenduë immortalité seroit un Printems éternel ?

Après cela, il me fit le portrait des *Struldbruggs*, & me dit qu'ils ressembloient aux *Mortels*, & vivoient comme eux, jusqu'à l'âge de trente ans ; qu'après cet âge, ils tomboient peu à peu dans une mélancolie noire, qui augmeutoit toûjours jusqu'à ce qu'ils eussent atteint l'âge de quatre-vingt ans : qu'alors ils n'étoit pas seulement sujets à toutes les infirmités, à toutes les miseres, & à toutes les foiblesses des vieillards de cet âge; mais que l'idée affligeante de l'éternelle durée de leur miserable caducité les tourmentoit à un point, que rien ne pouvoit les consoler : qu'ils n'étoient pas seulement, comme tous les autres vieillards, entêtez, bourrus, avares, chagrins, babillards; mais qu'ils n'aimoient qu'eux-mêmes, qu'ils renonçoient aux douceurs de l'amitié, qu'ils n'avoient plus même de tendresse pour leurs enfans; & qu'au delà de la troisiéme génération, ils ne reconnoissoient plus leur posterité : que l'envie & la jalousie les dévoroit sans cesse, que la vûë des plaisirs sensibles, dont joüissent les jeunes *Mortels*, leurs amusemens, leurs amours, leurs exercices, les faisoient en quelque sorte mourir à chaque instant; que tout, jusqu'à la mort même des vieillards qui payoient le tribut à la nature, excitoit leur envie & les plongeoit dans le defefpoir ; que pour cette raifon, toutes les fois qu'ils voyoient faire des funerailles, ils maudiffoient leur fort, & fe plaignoient amerement de la nature, qui leur avoit refufé la douceur de mourir, de finir leur courfe ennuïeufe, & d'entrer dans un repos éternel : qu'ils n'étoient plus alors en état de cultiver leur efprit & d'orner leur memoire ; qu'ils fe reffouvenoient tout au plus de ce qu'ils avoient vû & appris dans leur jeuneffe & dans leur moyen âge : que les moins miferables & les moins à plaindre, étoient ceux qui radotoient, qui avoient tout-à-fait perdu la mémoire, & étoient réduits à l'état de l'enfance ; qu'au moins on prenoit alors pitié de leur trifte fituation, & qu'on leur donnoit tous les fecours dont ils avoient befoin dans leur imbecillité.

Lorfqu'un *Struldbrugg* (ajoûta-t'il) s'eft marié à une *Struldbrugge*, le mariage, felon les loix de l'Etat, est dissous, dès que le plus jeune des deux est parvenu à l'âge de quatre-vingts ans. Il est juste que de malheureux Humains, condamnés malgré eux & sans l'avoir merité, à vivre éternellement, ne soient pas encore, pour surcroît de disgrace, obligés de vivre avec une femme éternelle. Ce qu'il y a de plus triste, est qu'après avoir atteint cet âge fatal, ils sont regardés comme morts civilement : leurs heritiers s'emparent de leurs biens ; ils sont mis en tutelle, ou plûtôt ils sont dépoüillés de tout & réduits à une simple pension alimentaire (Loi très-juste, à cause de la sordide avarice ordinaire aux vieillards) Les pauvres sont entretenus aux dépens du public, dans une maison appellée *l'Hôpital des pauvres Immortels*. Un *Immortel* de quatre-vingt ans ne peut plus exercer de Charge ni d'Emploi, ne peut négocier, ne peut contracter, ne peut acheter ni vendre, & leur témoignage même n'est point reçû en Justice.

Mais lors qu'ils sont parvenus à

quatre-vingt dix ans, c'est encore bien pis. Toutes leurs dents & tous leurs cheveux tombent, ils perdent le goût des alimens, & ils boivent & mangent sans aucun plaisir. Ils perdent la mémoire des choses les plus aisées à retenir, & oublient le nom de leurs amis, & quelquefois leur propre nom. Il leur est pour cette raison inutile de s'amuser à lire, puisque lorsqu'ils veulent lire une phrase de quatre mots, ils oublient les deux premiers, tandis qu'ils lisent les deux derniers. Par la même raison, il leur est impossible de s'entretenir avec personne. D'ailleurs, comme la langue de ce Païs est sujette à de fréquens changemens, les *Struldbruggs* nés dans un siécle, ont beaucoup de peine à entendre le langage des hommes nés dans un autre siécle, & ils sont toûjours comme étrangers dans leur Patrie.

Tel fut le détail qu'on me fit au sujet des Immortels de ce païs: détail qui me surprit extrêmement. On m'en montra dans la suite cinq ou x, & j'avouë que je n'ai jamais rien vû de si laid, & de si dégoûtant; les femmes sur tout étoient affreuses; je m'imaginai voir des Spectres.

Le Lecteur peut bien croire, que je perdis alors tout-à-fait l'envie de devenir Immortel à ce prix. J'eus bien de la honte de toutes les folles imaginations, ausquelles je m'étois abandonné, sur le Systême d'une Vie éternelle en ce bas monde.

Le Roy ayant appris ce qui s'étoit passé dans l'entretien que j'avois eu avec ceux dont j'ai parlé, rit beaucoup de mes idées sur l'Immortalité, & de l'envie que j'avois portée aux *Strulbruggs*. Il me demanda ensuite serieusement, si je ne voudrois pas en mener deux ou trois dans mon païs, pour guerir mes compatriotes du desir de vivre, & de la peur de mourir. Dans le fonds j'aurois été fort aise, qu'il m'eût fait ce present; mais par une loi fondamentale du Royaume, il est deffendu aux Immortels d'en sortir.

CHAPITRE VIII.

L'Auteur part de l'Isle de Luggnagg, pour se rendre au Japon, où il s'embarque sur un vaisseau Hollandois. Il arrive à Amsterdam, & de-là passe en Angleterre.

JE m'imagine que tout ce que je viens de raconter des *Struldbruggs*, n'aura point ennuyé le Lecteur. Ce ne sont point là, je crois, de ces choses communes, usées & rebatuës, qu'on trouve dans toutes les relations des Voyageurs ; au moins je puis assûrer que je n'ai rien trouvé de pareil, dans celles que j'ai lûës. En tout cas, si ce sont des rédites & des choses déja connuës, je prie de considerer que des Voyageurs, sans se copier les uns les autres, peuvent fort bien raconter les mêmes choses, lorsqu'ils ont été dans les mêmes pays.

Comme il y a un très-grand commerce entre le Royaume de *Lug-gnagg*, & l'Empire du *Japon*, il est à croire que les Auteurs Japonois, n'ont pas oublié dans leurs Livres, de faire mention de ces *Struldbruggs*. Mais le séjour que j'ai fait au Japon, ayant été très-court, & n'ayant d'ailleurs aucune teinture de la Langue Japonoise, je n'ai pû sçavoir sûrement, si cette matiere a été traitée dans leurs Livres. Quelque Hollandois pourra un jour nous apprendre ce qui en est.

Le Roy de *Luggnagg* m'ayant souvent pressé, mais inutilement, de rester dans ses Etats, eut enfin la bonté de m'accorder mon congé, & me fit même l'honneur de me donner une lettre de recommandation écrite de sa propre main, pour Sa Majesté l'Empereur du Japon. En même-temps, il me fit present de quatre cens quarante-quatre pieces d'or, de cinq mille cinq cens cinquante-cinq petites perles, & de huit cens quatre-vingt-huit mille huit cens quatre-vingt-huit grains d'une espece de ris très-rare

rare. Ces fortes de nombres, qui se multiplient par dix, plaisent beaucoup en ce pays-là.

Le 6. de Mai 1709. je pris congé en ceremonie de Sa Majesté, & dis adieu à tous les amis que j'avois à sa Cour. Ce Prince me fit conduire par un détachement de ses Gardes, jusqu'au Port de *Glanguenstald*, situé au Sud-Oüest de l'Isle. Au bout de six jours, je trouvai un Vaisseau prêt à me transporter au Japon : je montai sur ce Vaisseau & nôtre voyage ayant duré cinquante jours, nous débarquâmes enfin à un petit Port nommé *Xamoski*, au Sud-Oüest du Japon.

Je fis voir d'abord aux Officiers de la Doüane, la lettre dont j'avois l'honneur d'être chargé de la part du Roy de *Luggnagg*, pour Sa Majesté Japonoise. Ils connurent tout-d'un-coup le Sceau de Sa Majesté *Luggnaggienne*, dont l'empreinte representoit *un Roy soûtenant un Pauvre estropié, & l'aidant à marcher.*

Les Magistrats de la Ville, sçachant que j'étois Porteur de cette auguste Lettre, me traiterent en Ministre, & me fournirent une voiture pour me transporter à *Yedo*, qui est la Capitale de l'Empire. Là j'eus audiance de Sa Majesté Imperiale, & l'honneur de lui presenter ma lettre, qu'on ouvrit publiquement avec de grandes cérémonies, & que l'Empereur se fit aussi-tôt expliquer par son Interprete. Alors Sa Majesté me fit dire par ce même Interprete, que j'eusse à lui demander quelque grace, & qu'en consideration de son très-cher frere le Roy de *Luggnagg*, il me l'accorderoit aussi-tôt.

Cet Interprete, qui étoit ordinairement emploïé dans les affaires du Commerce avec les Hollandois, connut aisément à mon air, que j'étois Européen, & pour cette raison me rendit en Langue Hollandoise les paroles de Sa Majesté. Je répondis que j'étois un Marchand de Hollande, qui avois fait naufrage dans une Mer éloignée ; que depuis j'avois fait beaucoup de chemin par terre & par Mer, pour me rendre à *Luggnagg*, & de-là dans l'Empire du Japon, où je sçavois que mes compatriotes les Hollandois faisoient commerce ; ce qui me pourroit procurer l'occasion de retourner en Europe ; que je suppliois donc Sa Majesté, de me faire conduire en sûreté à *Nangasaki*. Je pris en même-temps la liberté de lui demander encore une autre grace. Ce fut qu'en consideration du Roi de *Luggnagg*, qui me faisoit l'honneur de me proteger, on voulut bien me dispenser de la cérémonie qu'on faisoit pratiquer à ceux de mon païs, & ne point me contraindre à *fouler aux piés le Crucifix*, n'étant venu au Japon, que pour passer en Europe, & non pour y trafiquer.

Lorsque l'Interprete eut exposé à Sa Majesté Japonoise cette derniere grace que je demandois, elle parut surprise de ma proposition ; & répondit que j'étois le premier homme de mon païs, à qui un pareil scrupule fut venu à l'esprit ; ce qui le faisoit un peu douter que je fusse véritablement Hollandois, comme je l'avois assûré, & le faisoit plûtôt soupçonner que j'étois Chrétien. Cependant l'Empereur goûtant la raison que je lui avois alleguée, & ayant principalement égard à la recommandation du Roi de *Luggnagg*, voulut bien par bonté compâtir à ma foiblesse & à ma singularité, pourvû que je gardasse des mesures, pour sauver les apparences. Il me dit qu'il donneroit ordre aux Officiers préposés pour faire observer cet usage, de me laisser passer & de faire semblant de m'avoir oublié. Il ajoûta qu'il étoit de mon interêt de tenir la chose secrette, parce que infailliblement les Hollandois mes compatriotes me poignarderoient dans le voyage, s'ils venoient à sçavoir la dispense que j'avois obtenuë, & le scrupule injurieux que j'avois eu de les imiter.

Je rendis de très-humbles actions de graces à Sa Majesté de cette faveur singuliere, & quelques troupes étant alors en marche pour se rendre à *Nangasaki*, l'Officier Commandant eut ordre de me conduire en cette Ville, avec une instruction secrette sur l'affaire du Crucifix.

Le 9. jour de Juin 1709. après un voyage long & penible, j'arrivai à *Nangasaki*, où je rencontrai une compagnie de Hollandois, qui étoient partis d'Amsterdam pour négocier à *Amboine*, & qui étoit prêts à s'embarquer pour leur retour, sur un gros Vaisseau de quatre cens cinquante tonneaux. J'avois passé un temps considerable en Hollande, ayant fait mes études à Leyde, & je parlois fort bien la langue de ce païs. On me fit plusieurs questions sur mes voyages, ausquelles je répondis, comme il me plût: je soutins parfaitement au milieu d'eux le personnage de Hollandois; je me donnai des amis & des parens dans les Provinces-Unies, & je me dis natif de Gelderland.

J'étois disposé à donner au Capitaine du Vaisseau, qui étoit un certain *Theodore Vangrult*, tout ce qu'il lui auroit plû de me demander pour mon passage. Mais ayant sçû que j'étois Chirurgien, il se contenta de la moitié du prix ordinaire, à condition que j'exercerois ma profession dans le Vaisseau.

Avant que de nous embarquer, quelques-uns de la troupe m'avoient souvent demandé, si j'avois pratiqué la cérémonie ; & j'avois toûjours répondu en general, que j'avois fait tout ce qui étoit nécessaire. Cependant un d'eux, qui étoit un coquin étourdi, s'avisa de me montrer malignement à l'Officier Japonois & de dire : *il n'a point foulé aux piés le Crucifix*. L'Officier, qui avoit un ordre secret de ne le point exiger de moi, lui repliqua par vingt coups de canne qu'il déchargea sur ses épaules, ensorte que personne ne fut d'humeur après cela de me faire des questions sur la cérémonie.

Il ne se passa rien dans nôtre voyage, qui merite d'être rapporté.

Nous fîmes voile avec un vent favorable & moüillâmes au Cap de bonne Eſperance, pour y faire aiguade. Le 16. d'Avril 1710. nous débarquâmes à Amſterdam, où je reſtai peu de tems & où je m'embarqua bien-tôt pour l'Angleterre. Quel plaiſir ce fût pour moi de revoir ma chere Patrie, après cinq ans & demi d'abſence ! Je me rendis directement à *Redriff*, où je trouvai ma femme & mes enfans en bonne ſanté.

Tom. II. Pag. 121.

VOYAGES DE GULLIVER.

QUATRIE'ME PARTIE.

VOYAGE
Au Païs des Houyhnhnms.

CHAPITRE PREMIER.

L'Auteur entreprend encore un voyage en qualité de Capitaine de Vaisseau. Son Equipage se révolte, l'enferme, l'enchaîne, & puis le met à terre sur un rivage inconnu. Description des Yahous. Deux Houyhnhnms viennent au devant de lui.

JE passai cinq mois fort doucement avec ma femme & mes enfans, & je puis dire qu'alors j'étois heureux, si j'avois pû connoître que je l'étois. Mais je fus malheureusement tenté de faire encore un voyage, sur tout lorsque l'on m'eut offert le titre flâteur de Capitaine, sur l'*Avanture*, Vaisseau Marchand de trois cens cinquante tonneaux. J'entendois parfaitement la navigation; & d'ailleurs j'étois las du titre subalterne de Chirurgien de Vaisseau. Je ne renonçai pourtant pas à la profession, & je sçûs l'exercer dans la suite, quand l'occasion s'en presenta. Aussi me contentai-je de mener avec moi dans ce voyage un jeune garçon Chirurgien. Je dis adieu à ma pauvre femme qui étoit grosse, & m'étant embarqué à *Portsmouth*, je mis à la voile le 2. d'Août 1710.

Les maladies m'enleverent pendant la route une partie de mon équipage, en sorte que je fus obligé de faire une recruë aux *Barbades* & aux Isles de *Leeward*, où les Négocians, dont je tenois ma Commission, m'avoient donné ordre de mouiller. Mais j'eus bien-tôt lieu de me repentir d'avoir fait cette maudite recruë, dont la plus grande partie, étoit composée de bandits, qui avoient été Boucaniers. Ces coquins débaucherent le reste de mon équipage, & tous ensemble comploterent de se saisir de ma personne, & de mon Vaisseau. Un matin donc ils entrérent dans ma chambre, se jettérent sur moi, me liérent, & me menaçerent de me jetter dans la Mer, si j'osois faire la moindre resistance. Je leur dis que mon sort étoit entre leurs mains, & que je consentois d'avance à tout ce qu'ils voudroient. Ils m'obligérent d'en faire serment, & puis me deliérent, se contentant de m'enchaîner un pié au bois de mon lit, & de poster un sentinelle à la porte de ma chambre, qui avoit ordre de me casser la tête, si j'eusse fait quelque tentative pour me mettre en liberté. Leur projet étoit d'exercer la Pyraterie avec mon Vaisseau, & de donner la chasse aux Espagnols; mais pour cela, ils n'étoient pas assés forts d'équipage. Ils resolurent de vendre d'abord la cargaison du Vaisseau, & d'aller à *Madagascar* pour augmenter leur troupe. Cependant j'étois prisonnier dans ma chambre, fort inquiet du sort qu'on me préparoit.

Le 9. de Mai 1711. un certain Jacque *Welch* entra & me dit, qu'il avoit reçû ordre de Monsieur le Capitaine, de me mettre à terre. Je voulus, mais inutilement, avoir quelque entretien avec lui, & lui faire quelques questions; il refusa même de me dire le nom de celui qu'il appelloit, Monsieur le Capitaine. On me fit descendre dans la Chalouppe, après m'avoir permis de faire mon paquet & d'emporter mes hardes. On me laissa mon sabre, & on eut la politesse de ne point visiter mes poches, où il y avoit quelque argent. Après avoir fait environ une lieuë dans la Chalouppe, on me mit sur le rivage. Je demandai à ceux qui m'accompagnoient, quel païs c'étoit, Ma foi, me répondirent-ils, nous ne le sçavons pas plus que vous, mais prenez garde que la marée ne vous surprenne, adieu. Auſſi-tôt la Chalouppe s'éloigna.

Je quittai les ſables & montai ſur une hauteur, pour m'aſſeoir & déliberer ſur le parti que j'avois à prendre. Quand je me fus un peu repoſé, j'avançai dans les terres, réſolu de me livrer au premier Sauvage que je rencontrerois, & de racheter ma vie, ſi je pouvois, par quelques petites bagues, par quelques bracelets & autres bagatelles, dont les Voyageurs ne manquent jamais de ſe pourvoir, & dont j'avois une certaine quantité dans mes poches.

Je découvris de grands arbres, de vaſtes herbages & des champs où l'avoine croiſſoit de tous côtés. Je marchois avec précaution, de peur d'être ſurpris où de recevoir quelque coup de fléche. Après avoir marché quelque temps, je tombai dans un grand chemin, où je remarquai pluſieurs pas d'hommes & de chevaux, & quelques-uns de vaches. Je vis en même-temps un grand nombre d'animaux dans un champ, & un ou deux de la même espece perchés sur un arbre. Leur figure me parût surprenante, & quelques-uns s'étant un peu approchés, je me cachai derriere un buisson pour les mieux considerer.

De longs cheveux leur tomboient sur le visage ; leur poitrine, leur dos, & leurs pattes de devant étoient couverts d'un poil épais : ils avoient de la barbe au menton comme des boucs, mais le reste de leurs corps étoit sans poil, & laissoit voir une peau très-brune. Ils n'avoient point de queuë : ils se tenoient tantôt assis sur l'herbe, tantôt couchés & tantôt debout sur leurs pattes de derriere. Ils sautoient, bondissoient & grimpoient aux arbres, avec l'agilité des écureüils, ayant des griffes aux pattes de devant & de derriere ; les femelles étoient un peu plus petites que les mâles ; elles avoient de fort longs cheveux, & seulement un peu de duvet en plusieurs endroits de leur corps. Leurs mamelles pendoient entre leurs deux pattes de devant, & quelquefois touchoient la terre, lorsqu'elles marchoient. Le poil des uns & des autres étoit de diverses couleurs, brun, rouge, noir & blond. Enfin dans tous mes voyages, je n'avois jamais vû d'animal si difforme & si degoûtant.

Après les avoir suffisamment considerés, je suivis le grand chemin, dans l'esperance qu'il me conduiroit à quelque hutte d'Indien. Ayant un peu marché, je rencontrai au milieu du chemin un de ces animaux qui venoit directement à moi. A mon aspect il s'arrêta, fit une infinité de grimaces, & parût me regarder comme une espece d'animal qui lui étoit inconnuë : ensuite il s'approcha & leva sur moi sa patte de devant. Je tirai mon sabre & le frappai du plat, ne voulant pas le blesser, de peur d'offenser ceux à qui ces animaux pouvoient appartenir. L'animal se sentant frappé se mit à fuïr & à crier si haut, qu'il attira une quarantaine d'animaux de sa sorte, qui accoururent vers moi, en me faisant des grimaces horribles. Je courus vers un arbre

& me mis le dos contre, tenant mon sabre devant moi : aussi-tôt ils sautent aux branches de l'arbre, & commencent à décharger sur moi leur ordure. Mais tout-à-coup ils se mirent tous à fuïr.

Alors je quittai l'arbre & poursuivis mon chemin, étant assés surpris qu'une terreur soudaine leur eût ainsi fait prendre la fuite. Mais regardant à gauche, je vis un cheval marchant gravement au milieu d'un champ : c'étoit la vûë de ce cheval qui avoit fait décamper si vîte la troupe qui m'assiegeoit. Le cheval s'étant approché de moi s'arrêta, recula, & ensuite me regarda fixement, paroissant un peu étonné. Il me considera de tous côtés, tournant plusieurs fois autour de moi. Je voulus avancer, mais il se mit vis-à-vis de moi dans le chemin, me regardant d'un œil doux, & sans me faire aucune violence. Nous nous considerâmes l'un l'autre pendant un peu de tems ; enfin je pris la hardiesse de lui mettre la main sur le cou, pour le flatter, sifflant

& parlant, à la façon des Palfreniers, lorsqu'ils veulent carresser un cheval. Mais l'animal superbe dédaignant mon honnêteté & ma politesse, fronça ses sourcils & leva fierement un de ses pieds de devant pour m'obliger à retirer ma main trop familiere. En même temps, il se mit à hannir trois ou quatre fois; mais avec des accens si variés, que je commençai à croire qu'il parloit un langage qui lui étoit propre, & qu'il y avoit un espece de sens attaché à ses divers hannissemens.

Sur ces entrefaites arriva un autre cheval, qui salua le premier très-poliment; l'un & l'autre se firent des honnêtetez réciproques, & se mirent à hannir en cent façons differentes, qui sembloient former des sons articulez. Ils firent ensuite quelques pas ensemble, comme s'ils eussent voulu conferer sur quelque chose: ils alloient & venoient, en marchant gravement côte à côte, semblables à des personnes qui tiennent conseil sur des affaires importantes: mais ils avoient toûjours l'œil sur moi, comme s'ils eussent pris garde que je ne m'enfuisse.

Surpris de voir des bêtes se comporter ainsi, je me dis à moi-même, puisqu'en ce païs-ci les bêtes ont tant de raison, il faut que les hommes y soient raisonnables au suprême degré. Cette réflexion me donna tant de courage, que je résolus d'avancer dans le païs, jusqu'à ce que j'eusse découvert quelque village ou quelque maison, & que j'eusse rencontré quelque habitant, & de laisser-là les deux chevaux discourir ensemble, tant qu'il leur plairoit. Mais l'un des deux qui étoit gris-pommelé, voïant que je m'en allois, se mit à hannir après moi d'une façon si expressive, que je crus entendre ce qu'il vouloit ; je me retournai & m'approchai de lui, dissimulant mon embarras & mon trouble, autant qu'il m'étoit possible ; car dans le fond je ne sçavois ce que tout cela deviendroit ; & c'est ce que le Lecteur peut aisément s'imaginer.

Les deux chevaux me serrérent de

près, & se mirent à considerer mon visage & mes mains. Mon chapeau paroissoit les surprendre, aussi-bien que les pans de mon juste-au-corps. Le gris-pommelé se mit à flâter ma main droite, paroissant charmé & de la douceur & de la couleur de ma peau ; mais il la serra si fort entre son sabot & son pâturon, que je ne pûs m'empêcher de crier de toute ma force, ce qui m'attira mille autres caresses pleines d'amitié. Mes souliers & mes bas leur donnoient de grandes inquiétudes : ils les flairerent & les tâterent plusieurs fois, & firent à ce sujet plusieurs gestes semblables à ceux d'un Philosophe, qui veut entreprendre d'expliquer un Phenoméne.

Enfin la contenance & les manieres de ces deux animaux me parurent si raisonnables, si sages, si judicieuses, que je conclus en moi-même qu'il falloit que ce fussent des Enchanteurs, qui s'étoient ainsi transformés en chevaux avec quelque dessein, & qui trouvant un étranger sur leur chemin, avoient voulu se divertir un peu à ses dépens, où avoient peut-être été frappés de sa figure, de ses habits, & de ses manieres. C'est ce qui me fit prendre la liberté de leur parler en ces termes : Messieurs les Chevaux, si vous êtes des Enchanteurs, comme j'ai lieu de le croire, vous entendés toutes les langues; ainsi j'ai l'honneur de vous dire en la mienne, que je suis un pauvre Anglois, qui par malheur ai échoüé sur ces côtes, & qui vous prie l'un ou l'autre, si pourtant vous êtes de vrais chevaux, de vouloir souffrir que je monte sur vous, pour chercher quelque village ou quelque maison, où je me puisse retirer. En reconnoissance, je vous offre ce petit coûteau & ce bracelet.

Les deux animaux parurent écouter mon discours avec attention, & quand j'eûs fini, ils se mirent à hannir tour à tour, tournés l'un vers l'autre. Je compris alors clairement que leurs hannissemens étoient significatifs, & renfermoient des mots, dont on pourroit peut-être dresser un alphabet aussi aisé que celui des Chinois.

Je les entendis souvent repeter le mot *Yahou*, dont je distinguai le son, sans en distinguer le sens; quoi que tandis que les deux chevaux s'entretenoient, j'eusse essayé plusieurs fois d'en chercher la signification. Lors qu'ils eurent cessé de parler, je me mis à crier de toute ma force, *Yahou*, *Yahou*, tâchant de les imiter. Cela parût les surprendre extrêmement, & alors le Gris-pommelé répetant deux fois le même mot, sembla vouloir m'apprendre comment il le falloit prononcer; je répetai après lui le mieux qu'il me fut possible, & il me parût que, quoi que je fûsse très-éloigné de la perfection de l'accent & de la prononciation, j'avois pourtant fait quelques progrès. L'autre Cheval, qui étoit Bay, sembla vouloir m'apprendre un autre mot beaucoup plus difficile à prononcer, & qui étant réduit à l'ortographe Angloise, peut ainsi s'écrire, *Houyhnhnm*. Je ne réussis pas si bien d'abord dans la prononciation de ce mot, que dans celle du premier; mais après quelques essais, cela alla mieux, & les deux chevaux me trouverent de l'intelligence.

Lorsqu'ils se furent encore un peu entretenus, (sans doute à mon sujet) ils prirent congé l'un de l'autre avec la même cérémonie qu'ils s'étoient abordés. Le Bay me fit signe de marcher devant lui, ce que je jugeai à propos de faire, jusqu'à ce que j'eusse trouvé un autre conducteur. Comme je marchois fort lentement, il se mit à hannir, *hhuum hhuum*. Je compris sa pensée, & lui donnai à entendre comme je le pûs, que j'étois bien las & avois de la peine à marcher; sur quoi il s'arrêta charitablement, pour me laisser reposer.

CHAPITRE II.

L'Auteur est conduit au logis d'un Houyhnhnm: *comment il y est reçû. Quelle étoit la nourriture des* Houyhnhnms, *Embarras de l'Auteur pour trouver de quoi se nourrir.*

Après avoir marché environ trois milles, nous arrivâmes à un endroit, où il y avoit une grande maison de bois fort basse & couverte de paille. Je commençai aussi-tôt à tirer de ma poche les petits presens que je destinois aux hôtes de cette maison, pour en être reçû plus honnêtement. Le cheval me fit poliment entrer le premier dans une grande salle très-propre, où pour tout meuble il y avoit un ratelier & une auge. J'y vis trois chevaux entiers avec deux cavalles qui ne mangeoient point, & qui étoient assis sur leurs jarrets. Sur ces entrefaites le gris-pommelé arriva, &

en entrant se mit à hannir d'un ton de maître. Je traversai avec lui deux autres salles de plein pié, & dans la derniere mon conducteur me fit signe d'attendre, & passa dans une chambre qui étoit proche. Je m'imaginai alors qu'il falloit que le maître de cette maison fut une personne de qualité, puisqu'on me faisoit ainsi attendre en ceremonie dans l'antichambre. Mais en même tems je ne pouvois concevoir qu'un homme de qualité eut des Chevaux pour valets de chambre. Je craignis alors d'être devenu fou, & que mes malheurs ne m'eussent fait entierement perdre l'esprit. Je regardai attentivement autour de moy, & me mis à considerer l'antichambre, qui étoit à peu près meublée comme la premiere salle. J'ouvrois de grands yeux, je regardois fixement tout ce qui m'environnoit, & je voyois toûjours la même chose; je me pinçai les bras, je me mordis les lévres, je me battis les flancs, pour m'éveiller en cas que je fusse endormi, & comme c'étoient toûjours les mêmes objets qui me me frappoient les yeux, je conclus qu'il y avoit-là de la diablerie & de la plus haute magie.

Tandis que je faisois ces réflexions, le Gris-pommelé revint à moi dans le lieu où il m'avoit laissé, & me fit signe d'entrer avec lui dans la chambre, où je vis sur une natte très-propre & très-fine une belle cavale, avec un beau poulain & une belle petite jument, tous appuyés modestement sur leurs hanches. La cavale se leva à mon arrivée, & s'approcha de moi, & après avoir considéré attentivement mon visage & mes mains, me tourna le derriere d'un air dédaigneux, & se mit à hannir, en prononçant souvent le mot *Yahou*. Je compris bien-tôt malgré moi le sens funeste de ce mot, car le cheval qui m'avoit introduit me faisant signe de la tête, & me répetant souvent le mot *hhuun*, *hhuun*, me conduisit dans une espece de basse-cour, où il y avoit un autre bâtiment à quelque distance de la maison. La premiere chose qui me frappa les yeux, ce furent trois de ces maudits animaux que j'avois vûs d'abord dans un champ, & dont j'ai fait plus haut la defcription; ils étoient attachés par le cou & mangeoient des racines, & de la chair d'âne, de chien & de vache morte, (comme je l'ai appris depuis) qu'ils tenoient entre leurs griffes, & qu'ils déchiroient avec leurs dents.

Le Maître cheval commanda alors à un petit bidet Alezan, qui étoit un de fes laquais, de délier le plus grand de ces animaux & de l'amener. On nous mit tous deux côte à côte, pour mieux faire la comparaifon de lui à moi, & ce fut alors que le mot de *Yahou* fut répeté plufieurs fois, ce qui me donna à entendre, que ces animaux s'appelloient *Yahous*. Je ne puis exprimer ma furprife & mon horreur, lorfqu'ayant confideré de près cet animal, je remarquai en lui tous les traits & toute la figure d'un homme, excepté qu'il avoit le vifage large & plat, le nez écrafé, les lèvres épaiffes & la bouche très-grande

Mais cela est ordinaire à toutes les nations Sauvages, parce que les meres couchent leurs enfans, le visage tourné contre terre, les portent sur leur dos & leur battent le nez avec leurs épaules. Ce *Yahou* avoit les pattes de devant semblables à mes mains, si ce n'est qu'elles étoient armées d'ongles fort grands, & que la peau en étoit brune, rude & couverte de poil. Ses jambes ressembloient aussi aux miennes, avec les mêmes differences. Cependant mes bas & mes souliers avoient fait croire à Messieurs les chevaux, que la difference étoit beaucoup plus grande. A l'égard du reste du corps, c'étoit en verité la même chose, excepté par rapport à la couleur & au poil.

Quoi qu'il en soit, ces Messieurs n'en jugeoient pas de même, parce que mon corps étoit vêtu, & qu'ils croyoient que mes habits étoient ma peau même, & une partie de ma substance, en sorte qu'ils trouvoient que j'étois par cet endroit fort different de leurs *Yahous*. Le petit laquais Bidet tenant une racine entre son sabot & son paturon me la presenta. Je la pris & en ayant goûté, je la lui rendis sur le champ, avec le plus de politesse qu'il me fut possible. Aussi-tôt il alla chercher, dans la loge des *Yahous*, un morceau de chair d'âne, & me l'offrit. Ce mets me parût si détestable & si dégoûtant, que je n'y voulus point toucher & témoignai même qu'il me faisoit mal au coeur. Le Bidet jetta le morceau au *Yahou*, qui sur le champ le devora avec un grand plaisir. Voyant que la nourriture des *Yahous* ne me convenoit point, il s'avisa de me presenter de la sienne; c'est-à-dire, du foin & de l'avoine. Mais je secoüai la tête & lui fis entendre que ce n'étoit pas-là un mets pour moi. Alors portant un de ses piés de devant à sa bouche, d'une façon très-surprenante & pourtant très-naturelle, il me fit des signes pour me faire comprendre qu'il ne sçavoit comment me nourrir, & pour me demander ce que je voulois donc manger. Mais je ne pûs lui faire entendre ma pensée par mes signes ; & quand je l'aurois pû, je ne voïois pas qu'il eut été en état de me satisfaire.

Sur ces entrefaites une vache passa ; je la montrai du doigt & fis entendre par un signe expressif, que j'avois envie de l'aller traire. On me comprit & aussi-tôt on me fit entrer dans la maison, où l'on ordonna à une servante, c'est-à-dire à une jument, de m'ouvrir une salle, où je trouvai une grande quantité de terrines pleines de lait, rangées très-proprement. J'en bus abondamment, & pris ma refection fort à mon aise & de grand courage.

Sur l'heure de midi je vis arriver vers la maison une espece de chariot ou de carosse tiré par quatre *Yahous*. Il y avoit dans ce carosse un vieux cheval qui paroissoit un personnage de distinction ; il venoit rendre visite à mes hôtes & dîner avec eux. Ils le reçûrent fort civilement, & avec de grands égards.

Ils dînérent enfemble dans la plus belle falle; & outre du foin & de la paille, qu'on leur fervit d'abord, on leur fervit encore de l'avoine boüillie dans du lait. Leur auge placée au milieu de la falle, étoit difpofée circulairement, à peu près comme le tour d'un preffoir de Normandie, & divifée en plufieurs compartimens, autour defquels ils étoient rangés, affis fur leurs hanches & appuyés fur des bottes de paille. Chaque compartiment avoit un ratelier qui lui répondoit, enforte que chaque cheval & chaque cavale, mangeoit fa portion avec beaucoup de décence & de propreté. Le poulain & la petite jument, enfans du Maître & de la Maîtreffe du logis étoient à ce repas, & il paroiffoit que leur pere & leur mere étoient fort attentifs à les faire manger. Le Gris-pommelé m'ordonna de venir auprès de lui, & il me fembla s'entretenir long-temps à mon fujet avec fon ami, qui me regardoit de temps en temps, & répetoit fouvent le mot de *Yahou*.

Depuis quelques momens j'avois mis mes gands : le Maître Grispommelé s'en étant aperçû, & ne voyant plus mes mains telles qu'il les avoit vûës d'abord, fit plusieurs signes qui marquoient son étonnement & son embarras. Il me les toucha deux ou trois fois avec son pié, & me fit entendre qu'il souhaittoit qu'elles reprissent leur premiere figure ; aussi-tôt je me dégantai, ce qui fit beaucoup parler toute la compagnie & leur inspira de l'affection pour moi. J'en ressentis bientôt les effets. On s'appliqua à me faire prononcer certains mots que j'entendois, & on m'apprit les noms de l'avoine, du lait, du feu, de l'eau, & de plusieurs autres choses. Je retins tous ces noms, & ce fut alors plus que jamais, que je fis usage de cette prodigieuse facilité que la nature m'a donnée pour apprendre les langues.

Lorsque le dîner fut fini, le maître cheval me prit en particulier, & par des signes joints à quelques mots, me fit entendre la peine qu'il ressentoit, de voir que je ne mangeois point, & que je ne trouvois rien, qui fut de mon goût. *Hlunnh* dans leur langue, signifie de l'avoine. Je prononçai ce mot deux ou trois fois : car quoi que j'eusse d'abord refusé l'avoine qui m'avoit été offerte, cependant après y avoir réfléchi, je jugeai que je pouvois m'en faire une sorte de nourriture, en la mêlant avec du lait, & que cela me sustenteroit jusqu'à ce que je trouvasse l'occasion de m'échapper, & que je rencontrâsse des creatures de mon espéce. Aussi-tôt le cheval donna ordre à une servante, qui étoit une jolie jument blanche, de m'apporter une bonne quantité d'avoine dans un plat de bois. Je fis rotir cette avoine, comme je pûs, ensuite je la frottai jusqu'à ce que je lui eusse fait perdre son écorce; puis je tâchai de la vanner : je me mis après cela à l'écraser entre deux pierres ; je pris de l'eau & j'en fis une espece de gâteau, que je fis cuire & que je mangeai tout chaud, en le trempant dans du lait.

Ce

Ce fut d'abord pour moi un mets très-infipide, (quoique ce foit une nourriture ordinaire en plufieurs endroits de l'Europe,) mais je m'y accoûtumai avec le tems, & m'étant trouvé fouvent dans ma vie réduit à des états fâcheux, ce n'étoit pas la premiere fois que j'avois éprouvé, qu'il faut peu de chofe pour contenter les befoins de la nature, & que le corps fe fait à tout. J'obferverai ici que, tant que je fus dans ce païs des Chevaux, je n'eus pas la moindre indifpofition. Quelquefois, il eft vrai, j'allois à la chaffe des lapins & des oifeaux, que je prenois avec des filets de cheveux d'*Yahou* : quelquefois je cuëillois des herbes, que je faifois boüillir, ou que je mangeois en falade, & de tems en tems je faifois du beurre. Ce qui me caufa beaucoup de peine d'abord, fut de manquer de fel; mais je m'accoûtumai à m'en paffer: d'où je conclus que l'ufage du fel eft l'éfet de nôtre intemperance, & n'a été introduit que pour exciter à boire; car il eft à remarquer que l'homme est le seul animal qui mêle du sel dans ce qu'il mange. Pour moi, quand j'eus quitté ce païs, j'eus beaucoup de peine à en reprendre le goût.

C'est assés parler, je crois, de ma nourriture. Si je m'étendois pourtant plus au long sur ce sujet, je ne ferois, ce me semble, que ce que font dans leurs Relations la plûpart des Voyageurs, qui s'imaginent qu'il importe fort au Lecteur de sçavoir s'ils ont fait bonne chere, ou non. Quoi qu'il en soit, j'ai crû que ce détail succint de ma nourriture étoit nécessaire, pour empêcher le monde de s'imaginer, qu'il m'a été impossible de subsister pendant trois ans dans un tel païs, & parmi de tels habitans.

Sur le soir, le maître Cheval me fit donner une chambre à six pas de la maison, & séparée du quartier des *Yahous*. J'y étendis quelques bottes de paille, & me couvris de mes habits, en sorte que j'y passai la nuit fort bien, & y dormis tranquillement. Mais je fus bien mieux dans la suite, comme le Lecteur verra ci-après, lorsque je parlerai de ma maniere de vivre en ce païs-là.

CHAPITRE III.

L'Auteur s'applique à apprendre bien la langue, & le Houyhnhnm *son maître s'applique à la lui enseigner. Plusieurs* Houyhnhnms *viennent voir l'Auteur par curiosité. Il fait à son Maître un recit succint de ses Voyages.*

JE m'appliquai extrêmement à apprendre la langue que le *Houyhnhnm* mon maître (c'est ainsi que je l'appellerai desormais) ses enfans & tous ses domestiques avoient beaucoup d'envie de m'enseigner. Ils me regardoient comme un prodige, & étoient surpris qu'un animal brute eut toutes les manieres, & donna tous les signes naturels d'un animal raisonnable. Je montrois du doigt chaque chose, & en demandois le nom, que je retenois dans ma memoire, & que je ne manquois pas d'écrire sur mon petit Registre de voyage, lorsque j'étois seul. A l'égard de l'accent, je tâchois de le prendre, en écoutant attentivement. Mais le bidet Alezan m'aida beaucoup.

Il faut avoüer que la prononciation de cette langue me parût très-difficile. Les *Houyhnhnms* parlent en même temps du nés & de la gorge, & leur langue également nazale & gutturale approche beaucoup de celle des Allemands, mais est beaucoup plus gracieuse & bien plus expressive. L'Empereur Charles-Quint avoit fait cette curieuse observation ; aussi disoit-il, que s'il avoit à parler à son cheval, il lui parleroit Allemand.

Mon Maître avoit tant d'impatience de me voir parler sa langue, pour pouvoir s'entretenir avec moi & satisfaire sa curiosité, qu'il employoit toutes ses heures de loisir à me donner des leçons, & à m'apprendre tous les termes, tous les tours, & toutes les finesses de cette langue. Il étoit convaincu, comme il me l'a avoüé depuis, que j'étois un *Yahou*. Mais ma propreté, ma politesse, ma docilité, ma disposition à apprendre l'étonnoient : Il ne pouvoit allier ces qualités avec celles d'un *Yahou*, animal grossier, malpropre & indocile. Mes habits lui causoient aussi beaucoup d'embarras, s'imaginant qu'ils étoient une partie de mon corps. Car je ne me deshabillois le soir, pour me coucher, que lorsque toute la maison étoit endormie ; & je me levois le matin & m'habillois, avant qu'aucun fut éveillé. Mon Maître avoit envie de connoître de quel païs je venois, où & comment j'avois acquis cette espece de raison qui paroissoit dans toutes mes manieres, & de sçavoir enfin mon histoire. Il se flâtoit d'apprendre bien-tôt tout cela, vû le progrès que je faisois de jour en jour dans l'intelligence & dans la prononciation de la langue. Pour aider un peu ma memoire, je formai un alphabet de tous les mots que j'avois appris, & j'écrivis tous ces termes avec l'Anglois au dessous. Dans la suite, je ne fis point difficulté d'écrire en préfence de mon Maître les mots & les phrafes qu'il m'apprenoit. Mais il ne pouvoit comprendre ce que je faifois ; parce que les *Houyhnhnms* n'ont aucune idée de l'écriture.

Enfin au bout de dix femaines, je me vis en état d'entendre plufieurs de fes queftions, & trois mois après, je fus affés habile pour lui répondre paffablement. Une des premieres queftions qu'il me fit, lorfqu'il me crût en état de lui répondre, fut de me demander de quel païs je venois, & comment j'avois appris à contrefaire l'animal raifonnable, n'étant qu'un *Yahou*. Car ces *Yahous*, aufquels il trouvoit que je ref-femblois par le vifage & par les pattes de devant, avoient bien, difoit-il, une efpece de connoiffance, avec des rufes & de la malice ; mais ils n'avoient point cette conception & cette docilité qu'il remarquoit en moi. Je lui répondis que je venois de fort loin, & que j'avois traverfé les Mers avec plufieurs autres de mon efpece, porté dans un grand bâtiment de bois; que mes compagnons m'avoient mis à terre sur cette côte, & m'avoient abandonné. Il me fallut alors joindre au langage plusieurs signes pour me faire entendre. Mon Maître me repliqua qu'il falloit que je me trompasse, & que *j'avois dit la chose qui n'étoit pas*; c'est-à-dire que je mentois. (Les *Houyhnhnms* dans leur langue n'ont point de mot pour exprimer le *mensonge* ou la *fausseté*.) Il ne pouvoit comprendre qu'il y eut des terres au-delà des eaux de la Mer, & qu'un vil troupeau d'animaux pût faire flotter sur cet élement un grand bâtiment de bois, & le conduire à leur gré. A peine, disoit-il, un *Houyhnhnm* en pourroit-il faire autant, & sûrement il n'en confieroit pas la conduite à des *Yahous*.

Ce mot *Houyhnhnm* dans leur langue, signifie *cheval*; & veut dire, selon son étimologie, *la perfection de la nature*. Je répondis à mon Maître que les expressions me manquoient, mais que dans quelque tems je serois en état de lui dire des choses qui le surprendroient beaucoup. Il exhorta Madame la Cavale son épouse, Messieurs ses enfans le Poulain & la Jument, & tous ses domestiques à concourir tous avec zele à me perfectionner dans la langue, & tous les jours il y consacroit lui-même deux ou trois heures.

Plusieurs Chevaux & Cavales de distinction, vinrent alors rendre visite à mon Maître, excités par la curiosité de voir un *Yahou* surprenant, qui, à ce qu'on leur avoit dit, parloit comme un *Houyhnhnm*, & faisoit reluire dans ses paroles & dans ses manieres des étincelles de raison. Ils prenoient plaisir à me parler, & à me faire des questions à ma portée, ausquelles je répondois, comme je pouvois. Tout cela contribuoit à me fortifier dans l'usage de la langue, en sorte qu'au bout de cinq mois j'entendois tout ce qu'on me disoit, & m'exprimois assés bien sur la plûpart des choses.

Quelques *Houyhnhnms*, qui venoient à la maison pour me voir &

me parler, avoient de la peine à croire que je fûsse un vrai *Yahou*; parce que, disoient-ils, j'avois une peau fort differente de ces animaux: ils ne me voyoient, ajoûtoient-ils, une peau à peu près semblable à celle des *Yahous*, que sur le visage & sur les pattes de devant, mais sans poil. Mon Maître sçavoit bien ce qui en étoit; car une chose qui étoit arrivée environ quinze jours auparavant, m'avoit obligé de lui découvrir ce mistere, que je lui avois toûjours caché jusqu'alors, de peur qu'il ne me prit pour un vrai *Yahou*, & qu'il ne me mit dans leur compagnie.

J'ai déja dit au Lecteur que tous les soirs, quand toute la maison étoit couchée, ma coûtume étoit de me deshabiller, & de me couvrir de mes habits. Un jour mon Maître m'envoya de grand matin son laquais le Bidet Alezan; lorsqu'il entra dans ma chambre, je dormois profondément; mes habits étoient tombés, & ma chemise étoit retroussée; je me réveillai au bruit qu'il fit, & je remarquai qu'il s'acquittoit de sa commission d'un air inquiet & embarassé. Il s'en retourna aussi-tôt vers son Maître, & lui raconta confusément ce qu'il avoit vû. Lorsque je fus levé, j'allai souhaiter le bon jour à son *Honneur* (c'est le terme dont on se sert parmi les *Houyhnhnms*, comme nous nous servons de ceux d'*Altesse*, de *Grandeur* & de *Reverence*) il me demanda d'abord ce que c'étoit que son laquais lui avoit raconté ce matin : qu'il lui avoit dit que je n'étois pas le même endormi, qu'éveillé, & que lorsque j'étois couché, j'avois une autre peau, que debout.

J'avois jusques-là caché ce secret, comme j'ai dit, pour n'être point confondu avec la maudite & infame race de *Yahous*. Mais helas il fallut alors me découvrir malgré moi. D'ailleurs mes habits & mes souliers commençoient à s'user, & comme il m'auroit fallu bien-tôt les remplacer par la peau d'un *Yahou*, ou de quelque autre animal, je prévoyois que mon secret ne seroit pas encore long-temps caché. Je dis donc à mon Maître que dans le païs d'où je venois, ceux de mon espece avoient coûtume de se couvrir le corps du poil de certains animaux préparé avec art, soit pour l'honnêteté & la bienséance, soit pour se deffendre contre la rigueur des saisons. Que pour ce qui me regardoit, j'étois prêt à lui faire voir clairement ce que je venois de lui dire; que je m'allois dépoüiller, & ne lui cacherois seulement que ce que la nature nous défend de faire voir : mon discours parut l'étonner. Il ne pouvoit sur tout concevoir que la nature nous obligeât à cacher ce qu'elle nous avoit donné. La nature, disoit-il, nous a-t'elle fait des presens honteux, furtifs & criminels ? Pour nous, ajoûta-t'il, nous ne rougissons point de ses dons, & ne sommes point honteux de les exposer à la lumiere. Cependant, reprit-il, je ne veux pas vous contraindre.

Je me deshabillai donc honnêtement, pour satisfaire la curiosité de *son Honneur*, qui donna de grands signes d'admiration, en voyant la configuration de toutes les parties honnêtes de mon corps. Il leva tous mes vêtemens les uns après les autres, les prenant entre son sabot & son paturon, & les examina attentivement ; il me flatta, me caressa & tourna plusieurs fois autour de moi. Après quoi il me dit gravement, qu'il étoit clair que j'étois un vrai *Yahou*, & que je ne differois de tous ceux de mon espece, qu'en ce que j'avois la chair moins dure & plus blanche, avec une peau plus douce, qu'en ce que je n'avois point de poil, sur la plus grande partie de mon corps, que j'avois les griffes plus courtes & un peu autrement configurées, & que j'affectois de ne marcher que sur mes piés de derriere. Il n'en voulut pas voir davantage, & me laissa m'habiller ; ce qui me fit plaisir, car je commençois à avoir froid.

Je témoignai à son *Honneur* combien il me mortifioit, de me donner serieusement le nom d'un animal infâme & odieux. Je le conjurai de vouloir bien m'épargner une dénomination si ignominieuse, & de recommander la même chose à sa famille, à ses domestiques & à tous ses amis : mais ce fut en vain. Je le priai en même-temps de vouloir bien ne faire part à personne du secret que je lui avois découvert touchant mon vêtement, au moins tant que je n'aurois pas besoin d'en changer ; & que pour ce qui regardoit le laquais Alezan, son *Honneur* pouvoit lui ordonner de ne point parler de ce qu'il avoit vû.

Il me promit le secret & la chose fut toûjours tenuë cachée, jusqu'à ce que mes habits fussent usés, & qu'il me fallût chercher de quoi me vêtir, comme je le dirai dans la suite. Il m'exhorta en même-temps à me perfectionner encore dans la Langue, parce qu'il étoit beaucoup plus frappé de me voir parler & raisonner, que de me voir blanc & sans poil, & qu'il avoit une envie extrême d'apprendre de moi ces choses admirables, que je lui avois promis de lui expliquer. Depuis ce temps-là, il prit encore plus de soin de m'inſtruire. Il me menoit avec lui dans toutes les Compagnies, & me faiſoit par tout traitter honnêtement & avec beaucoup d'égards, afin de me mettre de bonne humeur (comme il me le dit en particulier,) & de me rendre plus agreable & plus divertiſſant.

Tous les jours, lorſque j'étois avec lui, outre la peine qu'il prenoit de m'enſeigner la langue, il me faiſoit mille queſtions à mon ſujet, auſquelles je répondois de mon mieux, ce qui lui avoit déja donné quelques idées generales & imparfaites de ce que je lui devois dire en détail dans la ſuite. Il ſeroit inutile d'expliquer ici, comment je parvins enfin à pouvoir lier avec lui une converſation longue & ſerieuſe. Je dirai ſeulement que le premier entretien ſuivi que j'eus, fut tel qu'on va voir.

Je dis à ſon *Honneur* que je venois d'un païs très-éloigné, comme j'avois déja eſſaïé de lui faire entendre, accompagné d'environ cinquante de mes semblables ; que dans un Vaisseau, c'est-à-dire, dans un bâtiment formé avec des planches, nous avions traversé les Mers ; je lui décrivis la forme de ce Vaisseau, le mieux qu'il me fut possible, & ayant déployé mon mouchoir, je lui fis comprendre comment le vent qui enfloit les voiles, nous faisoit avancer : je lui dis qu'à l'occasion d'une querelle qui s'étoit élevée parmi nous, j'avois été exposé sur le rivage de l'Isle où j'étois actuellement ; que j'avois été d'abord fort embarassé, ne sçachant où j'étois, jusqu'à ce que son *Honneur* eut eu la bonté de me délivrer de la persecution des vilains *Yahous*. Il me demanda alors qui est-ce qui avoit formé ce Vaisseau, & comment il se pouvoit que les *Houyhnhnms* de mon païs en eussent donné la conduite à des animaux brutes. Je répondis qu'il m'étoit impossible de répondre à sa question, & de continuer mon discours, s'il ne me donnoit sa parole, & s'il ne me promettoit sur son honneur & sur

sa

sa conscience, de ne point s'offenser de tout ce que je lui dirois; qu'à cette condition seule je poursuivrois mon discours, & lui exposerois avec sincerité les choses merveilleuses, que je lui avois promis de lui raconter.

Il m'assûra positivement, qu'il ne s'offenseroit de rien. Alors je lui dis que le Vaisseau avoit été construit par des créatures qui étoient semblables à moi, & qui dans mon païs & dans toutes les parties du monde où j'avois voyagé, étoient les seuls animaux Maîtres, dominants & raisonnables; qu'à mon arrivée en ce païs j'avois été extrêmement surpris de voir les *Houyhnhnms* agir comme des créatures doüées de raison, de même que lui & tous ses amis étoient fort étonnés de trouver des signes de cette raison dans une créature, qu'il leur avoit plû d'appeler un *Yahou*, & qui ressembloit à la verité à ces vils animaux par sa figure exterieure, mais non par les qualités de son ame. J'ajoûtai que si jamais le Ciel permettoit que je retournâsse dans mon païs, & que j'y publiâsse la relation de mes voyages & particulierement celle de mon séjour chés les *Houyhnhnms*, tout le monde croiroit que *je dirois la chose qui n'est point*, & que ce seroit une histoire fabuleuse & impertinente, que j'aurois inventée : Enfin que malgré tout le respect que j'avois pour lui, pour toute son honorable famille, & pour tous ses amis, j'osois assûrer qu'on ne croiroit jamais dans mon païs, qu'un *Houyhnhnm* fut un animal raisonnable, & qu'un *Yahou* ne fut qu'une bête.

CHAPITRE IV.

Idées des Houyhnhnms, *sur la vérité & sur le mensonge. Les discours de l'Auteur sont censurés par son Maître.*

PEndant que je prononçois ces dernieres paroles, mon Maître paroissoit inquiet, embarassé, & comme hors de lui-même. *Douter & ne point croire* ce qu'on entend dire, est parmi les *Houyhnhnms* un operation d'esprit à laquelle ils ne sont point accoutumés, & lorsqu'on les y force, leur esprit sort pour ainsi dire hors de son assiette naturelle. Je me souviens même que m'entretenant quelquesfois avec mon Maître au sujet des propriétez de la nature humaine, telle qu'elle est dans les autres parties du monde, & ayant occasion de lui parler du *mensonge* & de la *tromperie*, il avoit beaucoup de peine à concevoir ce que je lui voulois dire. Car il raisonnoit ainsi : l'usage de la parole nous a été donné pour nous communiquer les uns aux autres ce que nous pensons, & pour être instruits de ce que nous ignorons. Or *si on dit la chose qui n'est pas*, on n'agit point selon l'intention de la nature ; on fait un usage abusif de la parole ; on parle & on ne parle point. Parler, n'est-ce pas faire entendre ce que l'on pense ? Or quand vous faites ce que vous appellés *mentir*, vous me faites entendre ce que vous ne pensés point ; au lieu de me dire ce qui est, vous me dites ce qui n'est point : vous ne parlés donc pas : vous ne faites qu'ouvrir la bouche, pour rendre de vains sons ; vous ne me tirés point de mon ignorance, vous l'augmentés. Telle est l'idée que les *Houyhnhnms* ont de la faculté de mentir, que nous autres Humains possédons dans un degré si parfait & si éminent.

Pour revenir à l'entretien particulier dont-il s'agit, lorsque j'eus assûré son *Honneur* que les *Yahous* étoient dans mon païs, les animaux Maîtres & dominants (ce qui l'étonna beaucoup) il me demanda si nous avions des *Houyhnhnms*, & quel étoit parmi nous leur état & leur emploi. Je lui répondis que nous en avions un très-grand nombre; que pendant l'Eté ils paissoient dans les prairies, & que pendant l'hiver, ils restoient dans leurs maisons, où ils avoient des *Yahous* pour les servir, pour peigner leurs crins, pour nettoyer & frotter leur peau, pour laver leurs piés, pour leur donner à manger. Je vous entends, reprit-il ; c'est-à-dire, que quoique vos *Yahous* se flâtent d'avoir un peu de raison, les *Houyhnhnms* sont toûjours les Maîtres, comme ici. Plût au Ciel seulement que nos *Yahous* fussent aussi dociles & aussi bons domestiques que ceux de vôtre païs : mais poursuivés je vous prie.

Je conjurai son *Honneur* de vouloir me dispenser d'en dire davantage sur ce sujet, parce que je ne pouvois, selon les régles de la prudence, de la bien-séance & de la politesse, lui expliquer le reste. Je veux sçavoir tout, me repliquat'il; continués, & ne craignés point de me faire de la peine. Eh bien, lui dis-je, puisque vous le voulés absolument, je vais vous obéïr. Les *Houyhnhnms*, que nous appellons *Chevaux*, sont parmi nous des animaux très-beaux & très-nobles, également vigoureux, & legers à la course. Lorsqu'ils demeurent chés les personnes de qualité, on leur fait passer le tems à voyager, à courir, à tirer des chars, & on a pour eux, toute sorte d'attention & d'amitié, tant qu'ils sont jeunes & qu'ils se portent bien. Mais dès qu'ils commencent à vieillir ou à avoir quelques maux de jambe, on s'en défait aussi-tôt, & on les vend à des *Yahous*, qui les occupent à des travaux durs, penibles, bas & honteux, jusqu'à ce qu'ils meurent. Alors on les écorche, on vend leur peau, & on abandonne leurs cadavres aux oiseaux de proïe, aux chiens & aux loups, qui les dévorent. Telle eſt dans mon païs la fin des plus beaux, & des plus nobles *Houyhnhnms*. Mais ils ne font pas tous auſſi-bien traités & auſſi heureux dans leur jeuneſſe que ceux, dont je viens de parler. Il y en a qui logent dès leurs premieres années, chés des Laboureurs, chés des Chartiers, chés des Voituriers, & autres gens ſemblables, chés qui ils ſont obligés de travailler beaucoup, quoique fort mal nourris. Je décrivis alors nôtre façon de voyager à cheval & l'équipage d'un cavalier. Je peignis le mieux qu'il me fut poſſible, la bride, la ſelle, les éperons, le foüet, ſans oublier enſuite tous les harnois des chevaux qui traînent un caroſſe, une charette, ou une charruë. J'ajoûtai que l'on attachoit au bout des piés de tous nos *Houyhnhnms* une plaque d'une certaine ſubſtance très-dure appellée *fer*, pour conſerver leur ſabot, & l'empêcher de ſe briſer dans les chemins pierreux.

Mon Maître me parût indigné de cette maniere brutale dont nous traitions les *Houyhnhnms* dans nôtre païs. Il me dit qu'il étoit trèsétonné que nous euſſions la hardieſſe & l'inſolence de monter ſur leur dos ; que ſi le plus vigoureux de ſes *Yahous* oſoit jamais prendre cette liberté à l'égard du plus petit *Houyhnhnm* de ſes domeſtiques, il ſeroit ſur le champ renverſé par terre, foulé, écraſé, briſé. Je lui repliquai que nos *Houyhnhnms* étoient ordinairement domptés & dreſſés à l'âge de trois ou quatre ans, & que ſi quelqu'un d'eux étoit indocile, rebelle & rétif, on l'occupoit à tirer des charettes, à labourer la terre, & qu'on l'accabloit de coups : que les mâles deſtinés à porter la ſelle où a tirer des caroſſes, étoient ordinairement coupés deux ans après leur naiſſance, pour les rendre plus doux & plus dociles ; qu'ils étoient ſenſibles aux récompenſes & aux châtimens, & que pourtant ils étoient dépourvûs de raiſon ainſi que les *Yahous* de ſon païs.

J'eus beaucoup de peine à faire entendre tout cela à mon Maître,

&

& il me fallut user de beaucoup de circonlocutions pour exprimer mes idées, parce que la langue des *Houyhnhnms* n'est pas riche, & que comme ils ont peu de passions, ils ont aussi peu de termes. Car ce sont les passions multipliées & subtilisées, qui forment la richesse, la variété & la délicatesse d'une langue.

Il est impossible de representer l'impression que mon discours fit sur l'esprit de mon Maître, & le noble courroux dont il fut saisi, lorsque je lui eus exposé la maniere dont nous traitions les *Houyhnhnms*, & particulierement nôtre usage de les couper pour les rendre plus dociles, & pour les empêcher d'engendrer. Il convint que s'il y avoit un païs, où les *Yahous* fussent les seuls animaux raisonnables, il étoit juste qu'ils y fussent les maîtres, & que tous les autres animaux se soûmissent à leurs loix; vû que la Raison doit l'emporter sur la Force. Mais considerant la figure de mon corps, il ajoûta, qu'une creature telle que moi étoit trop mal faite, pour pouvoir être raisonnable, ou au moins pour pouvoir se servir de sa Raison dans la plûpart des choses de la vie. Il me demanda en même temps, si tous les *Yahous* de mon païs me ressembloient ? Je lui dis que nous avions tous à peu près la même figure, & que je passois pour assés bien fait : que les jeunes mâles & les femelles avoient la peau plus fine & plus délicate, & que celle des femelles étoit ordinairement, dans mon païs, blanche comme du lait. Il me repliqua qu'il y avoit à la verité quelque difference entre les *Yahous* de sa basse-court & moi; que j'étois plus propre qu'eux, & n'étois pas tout-à-fait si laid; mais que par rapport aux avantages solides, il croyoit qu'ils l'emportoient sur moi ; que mes piés de devant & de derriere étoient nuds, & que le peu de poil que j'y avois, étoit inutile, puisqu'il ne suffisoit pas pour me préserver du froid. Qu'à l'égard de mes piés de devant, ce n'étoient pas proprement des piés, puisque je ne m'en servois point pour marcher, qu'ils étoient foibles & délicats, que je les tenois ordinairement nuds, & que la chose dont je les couvrois de temps en tems, n'étoit ni si forte ni si dure que la chose dont je couvrois mes piés de derriere : que je ne marchois point sûrement, vû que si un de mes piés de derriere venoit à chopper ou à glisser, il falloit nécessairement que je tombasse. Il se mit alors à critiquer toute la configuration de mon corps, la *plattitude* de mon visage, la *proéminence* de mon nés, la situation de mes yeux attachés immédiatement au front ; en sorte que je ne pouvois regarder ni à ma droite ni à ma gauche, sans tourner ma tête : Il dit que je ne pouvois manger sans le secours de mes piés de devant que je portois à ma bouche, & que c'étoit apparemment pour cela que la nature y avoit mis tant de jointures, afin de suppléer à ce défaut ; qu'il ne voyoit pas de quel usage me pouvoient être tous ces petits membres séparés qui étoient au bout de mes piés de derriere ; qu'ils étoient assûrément trop foibles & trop tendres, pour n'être pas coupés & brifés par les pierres & par les broffailles, & que j'avois befoin, pour y remedier, de les couvrir de la peau de quelque autre bête : que mon corps nud & fans poil étoit expofé au froid, & que pour l'en garantir, j'étois contraint de le couvrir de poils étrangers, c'eft-à-dire de m'habiller & de me deshabiller chaque jour, ce qui étoit felon lui la chofe du monde la plus ennuyeufe & la plus fatigante : qu'enfin il avoit remarqué que tous les animaux de fon païs avoient une horreur naturelle des *Yahous*, & les fuyoient : en forte que fuppofant que nous avions dans mon païs reçû de la nature le prefent de la Raifon, il ne voyoit pas comment, même avec elle, nous pouvions guérir cette antipathie naturelle que tous les animaux ont pour ceux de nôtre efpece, & par confequent comment nous pouvions en tirer aucun fervice. Enfin, ajoûtat'il, je ne veux pas aller plus loin fur cette matiere ; je vous quitte de toutes les réponses que vous me pourriés faire, & vous prie seulement de vouloir bien me raconter l'histoire de vôtre vie, & de me décrire le païs où vous êtes né.

Je répondis que j'étois disposé à lui donner satisfaction sur tous les points qui interessoient sa curiosité; mais que je doutois fort qu'il me fut possible de m'expliquer assés clairement sur des matieres, dont son *Honneur* ne pouvoit avoir aucune idée, vû que je n'avois rien remarqué de semblable dans son païs; que néanmoins, je ferois mon possible & que je tâcherois de m'exprimer par des similitudes & des métaphores, le priant de m'excuser si je ne me servois pas des termes propres.

Je lui dis donc, que j'étois né d'honnêtes parens, dans une Isle qu'on appelloit l'*Angleterre*, qui étoit si éloignée, que le plus vigoureux des *Houyhnhnms* pourroit à peine faire ce voyage, pendant la course annuelle du Soleil : Que j'avois d'abord exercé la Chirurgie, qui est l'art de guerir les blessures : Que mon païs étoit gouverné par une femelle que nous appellions *la Reine*: que je l'avois quitté pour tâcher de m'enrichir, & de mettre à mon retour ma famille un peu à son aise: Que dans le dernier de mes voyages j'avois été Capitaine de Vaisseau, ayant environ cinquante *Yahous* sous moi, dont la plûpart étoient morts en chemin, en sorte que j'avois été obligé de les remplacer par d'autres, tirés de diverses nations; que nôtre Vaisseau avoit deux fois été en danger de faire naufrage; la premiere fois par une violente tempête, & la seconde pour avoir heurté contre un rocher..

Ici mon Maître m'interrompit, pour me demander, comment j'avois pû engager des étrangers de différentes contrées à se hazarder de venir avec moi, après les perils que j'avois courus, & les pertes que j'avois faites. Je lui répondis que c'étoient tous des malheureux, qui n'avoient ni feu ni lieu; & qui avoient été obligés de quitter leur païs, soit à cause du mauvais état de leurs affaires, soit pour les crimes qu'ils avoient commis; que quelques-uns avoient été ruinés par les procès, d'autres par la débauche, d'autres par le jeu; que la plûpart étoient des traîtres, des assassins, des voleurs, des empoisonneurs, des brigands, des parjures, des faussaires, des faux-monnoyeurs, des ravisseurs, des suborneurs, des soldats déserteurs, & presque tous des échapez de prison; qu'enfin nul d'eux n'osoit retourner dans son païs, de peur d'y être pendu, ou d'y pourrir dans un cachot.

Pendant ce discours, mon Maître fut obligé de m'interrompre plusieurs fois. J'usois de beaucoup de circonlocutions pour lui donner l'idée de tous ces crimes, qui avoient obligé la plûpart de ceux de ma suite à quitter leur païs. Il ne pouvoit concevoir à quelle intention ces gens-là avoient commis ces forfaits, & ce qui les y avoit pû porter. Pour lui éclaircir un peu cet article, je tâchai de lui donner une idée du desir insatiable que nous avions tous de nous agrandir & de nous enrichir, & des funestes éfets du luxe, de l'intemperance, de la malice & de l'envie. Mais je ne pûs lui faire entendre tout cela que par des exemples & des hypotheses; car il ne pouvoit comprendre que tous ces vices existassent réellement. Aussi me parût-il comme une personne, dont l'imagination est frappée du recit d'une chose qu'elle n'a jamais vûë & dont elle n'a jamais oüi parler, qui baisse les yeux & ne peut exprimer par ses paroles sa surprise & son indignation.

Ces idées, *Pouvoir*, *Gouvernement*, *Guerre*, *Loi*, *Punition*, & plusieurs autres idées pareilles, ne peuvent se representer dans la langue des *Houyhnhnms*, que par de longues periphrases. J'eus donc beaucoup de peine, lorsqu'il me fallut faire à mon Maître une relation de l'Europe, & particulierement de l'Angleterre ma patrie.

CHAPITRE V.

L'Auteur expose à son Maître ce qui ordinairement allume la guerre entre les Princes de l'Europe; il lui explique ensuite comment les Particuliers se font la guerre les uns aux autres. Portrait des Procureurs, & des Juges d'Angleterre.

LE Lecteur observera, s'il lui plaît, que ce qu'il va lire est l'extrait de plusieurs conversations que j'ai euës, en differentes fois, pendant deux années avec le *Houyhnhnm* mon Maître. Son *Honneur* me faisoit des questions, & exigeoit de moi des recits détaillés, à mesure que j'avançois dans la connoissance & dans l'usage de la langue. Je lui exposai le mieux qu'il me fut possible l'état de toute l'Europe. Je discourus sur les arts, sur les manufactures, sur le commerce, sur les sciences; & les réponses que je fis à toutes ses demandes, furent le sujet d'une conversation inépuisable. Mais je ne rapporterai ici que la substance des entretiens que nous eûmes au sujet de ma Patrie, & y donnant le plus d'ordre qu'il me sera possible, je m'attacherai moins au temps & aux circonstances, qu'à l'exacte vérité. Tout ce qui m'inquiete, est la peine que j'aurai à rendre avec grace & avec énergie les beaux discours de mon Maître, & ses raisonnemens solides. Mais je prie le Lecteur d'excuser ma foiblesse, & mon incapacité, & de s'en prendre aussi un peu à la langue défectueuse dans laquelle je suis à present obligé de m'exprimer.

Pour obéïr donc aux ordres de mon Maître, un jour je lui racontai la derniere révolution arrivée en Angleterre par l'invasion du Prince d'*Orange*, & la guerre que ce Prince ambitieux fit ensuite au Roi de France, le Monarque le plus puissant de l'Europe, dont la gloire étoit répanduë dans tout l'Univers, & qui possedoit toutes les vertus Royales. J'ajoûtai que la Reine *Anne* qui avoit succedé au Prince d'*Orange*, avoit continué cette guerre, où toutes les Puissances de la Chrétienté étoient engagées. Je lui dis que cette guerre funeste avoit pû faire perir jusqu'ici environ un million de *Yahous*, qu'il y avoit eu plus de cent Villes assiegées & prises, & plus de trois cens Vaisseaux brûlés ou coulés à fond.

Il me demanda alors quels étoient les causes & les motifs les plus ordinaires de nos querelles, & de ce que j'appellois *la guerre*. Je répondis que ces causes étoient innombrables; & que je lui en dirois seulement les principales. Souvent, lui dis-je, c'est l'ambition de certains Princes, qui ne croyent jamais posseder assés de terre, ni gouverner assés de peuple. Quelquefois c'est la politique des Ministres, qui veulent donner de l'occupation aux Sujets mécontens : ç'a été quelquefois le partage des esprits dans le choix des opinions. L'un croit que siffler est une bonne action, l'autre que c'est un crime : l'un dit qu'il faut porter des habits blancs, l'autre qu'il faut s'habiller de noir, de rouge, de gris. L'un dit qu'il faut porter un petit chapeau retrouffé, l'autre dit qu'il en faut porter un grand, dont les bords tombent fur les oreilles, &c. (J'imaginai exprès ces exemples chimeriques, ne voulant pas lui expliquer les caufes veritables de nos diffentions par rapport à l'Opinion, vû que j'aurois eu trop de peine & de honte à les lui faire entendre.) J'ajoûtai que nos guerres n'étoient jamais plus longues & plus fanglantes, que lorfqu'elles étoient caufées par ces opinions diverfes, que des cerveaux échauffés fçavoient faire valoir de part & d'autre, & pour lefquelles ils excitoient à prendre les armes.

Je continuai ainfi: Deux Princes ont été en guerre, parce que tous deux vouloient dépoüiller un troifiéme de fes Etats, fans y avoir aucun droit ni l'un ni l'autre. Quelquefois un Souverain en a attaqué un autre, de peur d'en être attaqué. On déclare la guerre à fon Voifin, tantôt parce qu'il est trop fort, tantôt parce qu'il est trop foible. Souvent ce Voisin a des choses qui nous manquent, & nous avons des choses aussi qu'il n'a pas : alors on se bat, pour avoir tout ou rien. Un autre motif de porter la guerre dans un païs, est lors qu'on le voit desolé par la famine, ravagé par la peste, déchiré par les factions. Une Ville est à la bienséance d'un Prince, & la possession d'une petite Province arrondit son Etat : sujet de guerre. Un peuple est ignorant, simple, grossier & foible ; on l'attaque, on en massacre la moitié, on réduit l'autre à l'esclavage : & cela pour le civiliser. Une guerre fort glorieuse, est lors qu'un Souverain généreux vient au secours d'un autre qui l'a appellé, & qu'après avoir chassé l'usurpateur, il s'empare lui-même des Etats qu'il a secourus, tuë, met dans les fers, ou bannit le Prince qui avoit imploré son assistance. La proximité du sang, les alliances, les mariages, autres sujets de guerre parmi les Princes ; plus ils sont proches parens, plus ils sont près d'être ennemis. Les nations pauvres sont affamées, les nations riches sont ambitieuses ; or l'indigence & l'ambition aiment également les changemens & les révolutions. Pour toutes ces raisons, vous voyez bien que parmi nous le métier d'un homme de guerre, est le plus beau de tous les métiers. Car qu'est-ce qu'un homme de guerre ? C'est un *Tahou* payé pour tuer de sang-froid ses semblables, qui ne lui ont fait aucun mal.

Vraiment ce que vous venez de me dire des causes ordinaires de vos guerres (me repliqua son *Honneur*) me donne une haute idée de vôtre Raison. Quoi qu'il en soit, il est heureux pour vous, qu'étant si méchans, vous soyez hors d'état de vous faire beaucoup de mal. Car quelque chose que vous m'ayez dit des effets terribles de vos guerres cruelles, où il perit tant de monde, je crois en verité que *vous m'avés dit la chose qui n'est point*. La nature vous a donné une bouche platte sur un visage plat : ainsi je ne vois pas comment vous pouvés vous mordre que de gré à gré. A l'égard des griffes que vous avés aux piés de devant & de derriere, elles sont si foibles & si courtes, qu'en verité un seul de nos *Yahous* en déchireroit une douzaine comme vous.

Je ne pûs m'empêcher de secoüer la tête, & de soûrire de l'ignorance de mon Maître. Comme je sçavois un peu l'art de la guerre, je lui fis une ample description de nos canons, de nos coulevrines, de nos mousquets, de nos carabines, de nos pistolets, de nos boulets, de nôtre poudre, de nos sabres, de nos Bayonnettes : je lui peignis les Sieges de Places, les tranchées, les attaques, les sorties, les mines & les contremines, les assauts, les Garnisons passées au fil de l'épée : je lui expliquai nos batailles navales, je lui representai de gros Vaisseaux coulans à fond avec tout leur équipage, d'autres criblés de coups de canon, fracassés & brûlés au milieu des eaux ; la fumée, le feu, les tenebres, les éclairs, le bruit, les gémissemens des bleſſés, les cris des Combattans, les membres ſautans en l'air, la Mer enſanglantée, & couverte de cadavres. Je lui peignis enſuite nos combats ſur terre, où il y avoit encore beaucoup plus de ſang verſé, & où quarante mille Combattans periſſoient en un jour de part & d'autre : & pour faire valoir un peu le courage & la bravoure de mes chers Compatriotes, je dis que je les avois une fois vûs dans un Siege faire heureuſement ſauter en l'air une centaine d'Ennemis, & que j'en avois vû ſauter encore davantage dans un combat ſur Mer, en ſorte que les membres épars de tous ces *Yahous* ſembloient tomber des nuës, ce qui avoit formé un ſpectacle fort agréable à nos yeux.

J'allois continuer & faire encore quelque belle deſcription, lorſque ſon *Honneur* m'ordonna de me taire. Le naturel du *Yahou*, me dit-il, eſt ſi mauvais, que je n'ai point de peine à croire que tout ce que vous venez de raconter ne ſoit poſſible,

dès

dès que vous lui supposés une force & une adresse égales à sa méchanceté & à sa malice. Cependant quelque mauvaise idée que j'eusse de cet animal, elle n'approchoit point de celle que vous venés de m'en donner. Vôtre discours me trouble l'esprit & me met dans une situation où je n'ai jamais été ; je crains que mes sens effrayés des horribles images que vous leur avés tracées, ne viennent peu à peu à s'y accoûtumer. Je hais les *Yahous* de ce païs ; mais après tout, je leur pardonne toutes leurs qualités odieuses, puisque la nature les à fait tels, & qu'ils n'ont point la Raison pour se gouverner, & se corriger. Mais qu'une creature, qui se flâte d'avoir cette Raison en partage, soit capable de commettre des actions si detestables, & de se livrer à des excès si horribles, c'est ce que je ne puis comprendre, & ce qui me fait conclure en même-temps, que l'état des Brutes est encore préférable à une Raison corrompuë & dépravée. Mais de bonne foi, vôtre Raison est elle une vraïe Raison ? N'est-ce point plûtôt un talent que la nature vous a donné, pour perfectionner tous vos vices ?

Mais, ajoûta t'il, vous ne m'en avés que trop dit, au sujet de ce que vous appellés *la Guerre*. Il y a un autre article qui interresse ma curiosité. Vous m'avés dit, ce me semble, qu'il y avoit dans cette troupe d'*Yahous*, qui vous accompagnoit sur vôtre Vaisseau, des miserables que les procés avoient ruinés, & dépoüillés de tout, & que c'étoit la *Loi*, qui les avoit mis en ce triste état. Comment se peut-il que la Loi produise de pareils effets ? D'ailleurs, qu'est-ce que cette Loi ? Vôtre nature & vôtre Raison ne vous suffisent-elle pas, & ne vous prescrivent-elles pas assés clairement ce que vous devés faire, & ce que vous ne devés point faire ?

Je répondis à son *Honneur*, que je n'étois pas extrêmement versé dans la science de la *Loi* ; que le peu de connoissance que j'avois de la Jurisprudence, je l'avois puisé dans le commerce de quelques Avocats, que j'avois autrefois consultés sur mes affaires : que cependant j'allois lui débiter sur cet article ce que je sçavois. Je lui parlai donc ainsi. Le nombre de ceux qui s'adonnent à la Jurisprudence parmi nous & qui font profession d'interpreter la Loi, est infini, & surpasse celui des Chenilles. Ils ont entre eux toute sorte d'étages, de distinctions & de noms. Comme leur multitude énorme rend leur métier peu lucratif, pour faire en sorte qu'il donne aux moins de quoi vivre, ils ont recours à l'industrie & au manége. Ils ont appris des leurs premieres années l'art merveilleux de prouver, par un discours entortillé, que le noir est blanc & que le blanc est noir. Ce sont donc eux, qui ruinent & dépoüillent les autres par leur habileté, reprit son *Honneur* : oüi sans doute, lui repliquai-je ; & je vais vous en donner un exemple, afin que vous puissiez mieux concevoir ce que je vous ait dit.

Je suppose que mon voisin à envie d'avoir ma vache ; aussi-tôt il va trouver un Procureur ; c'est-à-dire, un docte Interprete de la pratique de la Loi, & lui promet une récompense, s'il peut faire voir que ma vache n'est point à moi. Je suis obligé de m'adresser aussi à un *Yahou* de la même profession, pour deffendre mon droit ; car il n'est pas permis par la Loi, de me deffendre moi-même. Or moi, qui assûrément ai de mon côté la justice & le bon droit, je ne laisse pas de me trouver alors dans deux embarras considerables. Le premier est, que le *Yahou* auquel j'ai eu recours pour plaider ma cause, est par état & selon l'esprit de sa profession, accoûtumé dès sa jeunesse à soutenir le faux ; en sorte qu'il se trouve comme hors de son élément, lorsque je lui donne la vérité pure & nuë à deffendre : il ne sçait alors comment s'y prendre. Le second embarras est que ce même Procureur, malgré la simplicité de l'affaire dont je l'ai chargé, est pourtant obligé de l'embroüiller, pour se conformer à l'usage de ses confreres, & pour la traîner en longueur autant qu'il est possible, sans quoi ils l'accuseroient de gâter le métier, & de donner mauvais exemple. Cela étant, pour me tirer d'affaire, il ne me reste que deux moïens. Le premier est, d'aller trouver le Procureur de ma partie, & de tâcher de le corrompre, en lui donnant le double de ce qu'il espere recevoir de son Client : & vous jugés bien qu'il ne m'est pas difficile de lui faire goûter une proposition aussi avantageuse. Le second moïen, qui peut-être vous surprendra, mais qui n'est pas moins infaillible, est de recommander à ce *Yahou* qui me sert d'Avocat, de plaider ma cause un peu confusément, & de faire entrevoir aux Juges, qu'effectivement ma vache pourroit bien n'être pas à moi, mais à mon voisin. Alors les Juges peu accoûtumés aux choses claires & simples, feront plus d'attention aux subtils argumens de mon Avocat, trouveront du goût à l'écouter & à balancer le pour & le contre, & en ce cas, seront bien plus disposer à juger en ma faveur, que si on se contentoit de leur prouver mon droit en quatre mots.

C'est une maxime parmi les Juges, que tout ce qui a été jugé ci-devant a été bien jugé. Aussi ont-ils grand soin de conserver dans un Greffe tous les arrêts anterieurs, même ceux que l'ignorance a dictés, & qui sont le plus manifestement opposés à l'équité & à la droite raison. Ces arrêts anterieurs forment ce qu'on appelle la Jurisprudence ; on les produit comme des autorités, & il n'y a rien qu'on ne prouve, & qu'on ne justifie en les citant. On commence néanmoins depuis peu, à revenir de l'abus où l'on étoit, de donner tant de force à l'autorité des choses jugées : on cite des jugemens pour & contre ; on s'attache à faire voir que les especes ne peuvent jamais être entierement semblables, & j'ai oüi dire à un Juge très-habile, que *les Ar-*

jêts sont pour ceux qui les obtiennent.

Au reste, l'attention des Juges se tourne toûjours plûtôt vers les circonstances, que vers le fond d'une affaire. Par exemple, dans le cas de ma vache, ils voudront sçavoir, si elle est rouge ou noire, si elle a de longues cornes, dans quel champ elle a coutume de paître, combien elle rend de lait par jour, & ainsi du reste. Après quoi, ils se mettent à consulter les anciens arrêts : la cause est mise de temps en temps sur le bureau : heureux, si elle est jugée au bout de dix ans.

Il faut observer encore que les Gens de Loi, ont une langue à part, un jargon qui leur est propre, une façon de s'exprimer, que les autres n'entendent point. C'est dans cette belle langue inconnuë que les Loix sont écrites ; loix multipliées à l'infini & accompagnées d'exceptions innombrables. Vous voïez que dans ce labyrinthe le bon droit s'égare aisément, que le meilleur procès est très-difficile à gagner, & que si un Etranger, né à trois cens lieuës de mon pays, s'avisoit de venir me disputer un heritage, qui est dans ma famille depuis trois cens ans, il faudroit peut-être trente ans, pour terminer ce different, & vuider entierement cette difficile affaire.

C'est dommage, interrompit mon Maître, que des gens qui ont tant de genie & de talens, ne tournent pas leur esprit d'un autre côté, & n'en fassent pas un meilleur usage. Ne vaudroit-il pas mieux, ajoûta-t'il, qu'ils s'occupâssent à donner aux autres des leçons de sagesse & de vertu, & qu'ils fissent part au Public de leurs lumieres. Car ces habiles gens possedent sans doute toutes les sciences. Point du tout, repliquai-je, ils ne sçavent que leur métier & rien autre chose : ce sont les plus grands ignorans du monde, sur toute autre matiere ; ils sont ennemis de la belle litterature, & de toutes les sciences ; & dans le commerce ordinaire de la vie, ils paroissent stupides, pesants, ennuïeux,

nuïeux, impolis. Je parle en general; car il s'en trouve quelques-uns qui sont spirituels, agréables & galans.

CHAPITRE VI.

Du luxe, de l'intemperance, & des maladies qui régnent en Europe. Caractere de la Noblesse.

Mon Maître ne pouvoit comprendre comment toute cette race de Praticiens étoit si malfaisante & si redoutable. Quel motif, disoit-il, les porte à faire un tort si considérable à ceux qui ont besoin de leur secours, & que voulés-vous dire par cette *récompense* que l'on promet à un Procureur, quand on le charge d'une affaire ? Je lui répondis, que c'étoit de l'argent. J'eus un peu de peine à lui faire entendre ce que ce mot signifioit : Je lui expliquai nos differentes espèces de monnoye, & les métaux dont elle étoit composée : je lui en fis connoître l'utilité, & lui dis que lorsqu'on en avoit beaucoup, on étoit heureux ; qu'alors on se procuroit de beaux habits, de belles maisons, de belles terres, qu'on faisoit bonne chere, & qu'on avoit à son choix toutes les plus belles Femelles; que pour cette raison nous ne croyons avoir jamais assés d'argent, & que plus nous en avions, plus nous en voulions avoir: que le riche oisif joüissoit du travail du pauvre, qui pour trouver de quoi sustenter sa miserable vie, suoit du matin jusqu'au soir, & n'avoit pas un moment de relâche. Eh quoi, interrompit son *Honneur*, toute la terre n'appartient-elle pas à tous les animaux, & n'ont-ils pas tous un droit égal aux fruits qu'elle produit pour leur nourriture? Pourquoi y a-t'il des *Yahous* privilegiés, qui recüeillent ces fruits, à l'exclusion de leurs semblables, & si quelques-uns y prétendent un droit plus particulier, ne doit-ce pas être principalement ceux qui par leur travail ont contribué à rendre la terre fertile? Point du tout, lui répondis-je; ceux qui font vivre tous les autres, par la culture de la terre, sont justement

R ij

ceux qui meurent de faim.

Mais, me dit-il, qu'avés-vous entendu par ce mot de *bonne-chere*, lorsque vous m'avés dit, qu'avec de l'argent on faisoit bonne chere dans vôtre païs ? Je me mis alors à lui exposer les mets les plus exquis, dont la table des riches est ordinairement couverte, & les manieres differentes dont on aprête les viandes : Je lui dis sur cela tout ce qui me vint à l'esprit, & lui appris que pour bien assaisonner ces viandes, & sur tout pour avoir de bonnes liqueurs à boire, nous équipions des Vaisseaux & entreprenions de longs & dangereux voyages sur la Mer ; en sorte qu'avant que de pouvoir donner une honnête collation à quelques Femelles de qualité, il falloit avoir envoyé plusieurs Vaisseaux dans les quatre parties du monde.

Vôtre païs, repartit-il, est donc bien miserable, puisqu'il ne fournit pas de quoi nourrir ses habitans. Vous n'y trouvez pas même de l'eau, & vous êtes obligé de traverser les Mers, pour chercher de quoi boire !

Je lui repliquai, que l'Angleterre ma Patrie produifoit trois fois plus de nourriture que fes habitans n'en pouvoient confumer; & qu'à l'égard de la boiffon, nous compofions une excellente liqueur avec le fuc de certains fruits, ou avec l'extrait de quelques grains; qu'en un mot, rien ne manquoit à nos befoins naturels: mais que pour nourrir nôtre luxe & nôtre intemperance, nous envoyons dans les païs étrangers ce qui croiffoit chés nous, & que nous en rapportions en échange de quoi devenir malades & vicieux: que cet amour du luxe, de la bonne chere & du plaifir, étoit le principe de tous les mouvemens de nos *Yahous*; que pour y atteindre, il falloit s'enrichir; que c'étoit ce qui produifoit les filoux, les voleurs, les pipeurs, les M. les parjures, les flâteurs, les fuborneurs, les fauffaires, les faux-témoins, les menteurs, les joüeurs, les impofteurs, les fanfarons, * les

---

* Il eft un peu furprenant de trouver ici les *mauvais Auteürs* & les *Précieux ridicules*, en fi

mauvais Auteurs, les empoisonneurs, les impudiques, les précieux ridicules, les Esprits-forts. Il me fallut définir tous ces termes.

J'ajoûtai que la peine que nous prenions d'aller chercher du vin dans les païs étrangers, n'étoit pas faute d'eau, ou d'autre liqueur bonne à boire; mais parce que le vin étoit une boisson qui nous rendoit gais, qui nous faisoit en quelque maniere sortir hors de nous-mêmes, qui chassoit de nôtre esprit toutes les idées sérieuses, qui remplissoit nôtre tête de mille imaginations folles, qui rappelloit le courage, bannissoit la crainte, & nous affran-

---

mauvaise compagnie. Mais on n'a pû rendre autrement les mots de *Scribling* & de *Canting*. On voit que l'Auteur les a malignement confondus tous ensemble, & qu'il y a aussi joint exprés les *Free-thinking*, c'est-à-dire, les *esprits-forts*, ou les *incredules*, dont il y a un grand nombre en Angleterre. Au reste il est aisé de concevoir que le desir de s'avancer dans le monde produit des esprits libertins, fait faire de mauvais Livres, & porte à écrire d'un stile précieux & affecté, afin de passer pour Bel-esprit.

chiſſoit pour un temps de la tirannie de la Raiſon.

C'eſt, continuai-je, en fourniſſant aux riches toutes les choſes dont ils ont beſoin, que nôtre petit peuple s'entretient. Par exemple, lorſque je ſuis chés moi, & que je ſuis habillé, comme je dois l'être, je porte ſur mon corps l'ouvrage de cent ouvriers. Un millier de mains ont contribué à bâtir & à meubler ma maiſon, & il en a fallu encore cinq ou ſix fois plus, pour habiller ma Femme.

J'étois ſur le point de lui peindre certains *Yahous*, qui paſſent la vie auprès de ceux qui ſont menacés de la perdre, c'eſt-à-dire nos Medecins. J'avois dit à ſon *Honneur*, que la plûpart de mes compagnons de voyage étoient morts de maladie ; mais il n'avoit qu'une idée fort imparfaite de ce que je lui avois dit. Il s'imaginoit que nous mourions, comme tous les autres animaux, & que nous n'avions d'autre maladie, que de la foibleſſe & de la peſanteur, un moment avant que de mourir ; à moins que nous n'eussions été blessés par quelque accident. Je fus donc obligé de lui expliquer la nature & la cause de nos diverses maladies. Je lui dis, que nous mangions sans avoir faim, que nous bûvions sans avoir soif ; que nous passions les nuits à avaler des liqueurs brûlantes, sans manger un seul morceau; ce qui enflâmoit nos entrailles, ruinoit nôtre estomac, & répandoit dans tous nos membres une foiblesse & une langueur mortelle : que plusieurs Femelles parmi nous avoient un certain venin, dont elles faisoient part à leurs Galans : que cette maladie funeste, ainsi que plusieurs autres, naissoit quelquefois avec nous, & nous étoit transmise avec le sang : Enfin que je ne finirois point, si je voulois lui exposer toutes les maladies auxquelles nous étions sujets ; qu'il y en avoit au moins cinq ou six cens par rapport à chaque membre, & que chaque partie, soit interne, soit externe, en avoit une infinité qui lui étoient propres.

Pour guerir tous ces maux, ajoûtai-je, nous avons des *Yahous*, qui se consacrent uniquement à l'étude du Corps humain, & qui prétendent par des remedes efficaces extirper nos maladies, lutter contre la nature même, & prolonger nos vies. Comme j'étois du métier, j'expliquai avec plaisir à son *Honneur* la méthode de nos Medecins, & tous nos misteres de Medecine. Il faut supposer d'abord, lui dis-je, que toutes nos maladies viennent de répletion : d'où nos Medecins concluent sensément que l'évacuation est nécessaire, soit par en haut, soit par en bas. Pour cela, ils font un choix d'herbes de minéraux, de gomme, d'huile, d'écailles, de sels, d'excremens, d'écorces d'arbre, de serpens, de crapaux, de grenoüilles, d'araignées, de poissons; & de tout cela ils nous composent une liqueur d'une odeur & d'un goût abominable qui soûleve le cœur, qui fait horreur, qui révolte tous les sens. C'est cette liqueur que nos Medecins nous ordonnent de boire, pour l'évacuation superieure, qu'on appelle vomissement. Tantôt ils tirent de leur magasin d'autres drogues qu'ils nous font prendre, soit par l'orifice d'en-haut, soit par l'orifice d'en-bas, selon leur fantaisie: c'est alors ou une medecine qui purge les entrailles & cause d'effroïables tranchées, ou bien c'est un clistere qui lave & relâche les intestins. La nature, disent-ils fort ingenieusement, nous a donné l'orifice superieur & visible, pour *ingerer*, & l'orifice inferieur & secret, pour *égerer*: or la maladie change la disposition naturelle du corps, il faut donc que le remede agisse de même, & combatte la nature; & pour cela, il est necessaire de changer l'usage des orifices, c'est-à-dire d'avaler par celui d'en-bas, & d'évacuer par celui d'en-haut.

Nous avons d'autres maladies, qui n'ont rien de réel que leur idée. Ceux qui sont attaqués de cette sorte de mal, s'appellent malades imaginaires. Il y a aussi pour les guerir des remedes imaginaires, mais souvent nos Medecins donnent ces remedes pour les maladies réelles. En général, les fortes maladies d'imagination attaquent nos Femelles: mais nous connoissons certains specifiques naturels pour les guerir sans douleur.

Un jour mon Maître me fit un compliment que je ne méritois pas. Comme je lui parlois des gens de qualité d'Angleterre, il me dit qu'il croyoit que j'étois Gentilhomme, parce que j'étois beaucoup plus propre & bien mieux fait que tous les *Yahous* de son païs, quoi que je leur fusse fort inferieur pour la force & pour l'agilité: que cela venoit sans doute de ma differente maniere de vivre, & de ce que je n'avois pas seulement la faculté de parler, mais que j'avois encore quelques commencemens de raison, qui pourroient se perfectionner dans la suite par le commerce que j'aurois avec lui.

Il me fit observer en même temps, que parmi les *Houyhnhnms*, on remarquoit que les *Blancs* & les *Ale-*

zans-bruns n'étoient pas si bien faits que les *Bays-chatains*, les *Gris-pommelez*, & les *Noirs* ; que ceux-là ne naissoient pas avec les mêmes talens & les mêmes dispositions que ceux-ci ; que pour cela, ils restoient toute leur vie dans l'état de servitude qui leur convenoit, & qu'aucun d'eux ne songeoit à sortir de ce rang pour s'élever à celui de maître ; ce qui paroîtroit dans le païs une chose énorme & monstrueuse. Il faut, disoit-il, rester dans l'état où la nature nous a fait éclorre ; c'est l'offenser, c'est se révolter contre elle, que de vouloir sortir du rang dans lequel elle nous a donné l'être. Pour vous, ajoûta-t'il, vous étes sans doute né ce que vous étes ; car vous tenés du Ciel vôtre noblesse, c'est-à-dire vôtre bon esprit & vôtre bon naturel.

Je rendis à son *Honneur* de très-humbles actions de graces de la bonne opinion qu'il avoit de moi ; mais je l'assûrai en même temps que ma naissance étoit très-basse, étant né seulement d'honnêtes parens, qui m'avoient donné une aſſés bonne éducation. Je lui dis que la Nobleſſe parmi nous n'avoit rien de commun avec l'idée qu'il en avoit conçûë; que nos jeunes Gentilshommes étoient nourris dès leur enfance dans l'oiſiveté & dans le luxe ; que dès que l'âge le leur permettoit, ils s'épuiſoient avec des Femelles débauchées & corrompuës, & contractoient des maladies odieuſes ; que lors qu'ils avoient conſumé tout leur bien, & qu'ils ſe voyoient entierement ruinés, ils ſe marioient : à qui ? à une Femelle de baſſe naiſſance, laide, mal-faite, mal-ſaine, mais riche : qu'un pareil couple ne manquoit point d'engendrer des enfans mal conſtitués, noüés, ſcrophuleux, difformes, ce qui continuoit quelquefois juſqu'à la troiſiéme génération, à moins que la judicieuſe Femelle n'y remediât, en implorant le ſecours de quelque charitable ami. J'ajoûtai que parmi nous, un corps ſec, maigre, décharné, foible, infirme étoit devenu une marque preſque infaillible de Nobleſſe ;

que même une complexion robuste, & un air de santé alloient si mal à un homme de qualité, qu'on en concluoit aussi-tôt qu'il étoit le fils de quelque domestique de sa maison, à qui Madame sa mere avoit fait part de ses faveurs; sur tout s'il avoit l'esprit tant soit peu élevé, juste & bien fait, & s'il n'étoit ni bourru, ni efféminé, ni brutal, ni capricieux, ni débauché, ni ignorant. *

* Je ne crois pas qu'aucun Lecteur s'avise de prendre à la lettre cette mordante hyperbole. La Noblesse Angloise, selon M. de S. Evrémont, possede la fine fleur de la politesse, & on peut dire en general que les Seigneurs Anglois sont les plus honnêtes gens de l'Europe. Ils ont presque tous l'esprit orné, ils font beaucoup de cas des Gens de lettres, ils cultivent les sciences, & il y en a peu qui ne soient en état de composer des Livres. Il ne faut donc prendre cet endroit que comme une pure plaisanterie, ainsi que la plûpart des autres traits satyriques répandus dans cet Ouvrage. Si quelque esprit plus malfait étoit d'humeur de les apliquer serieusement à la Noblesse Françoise, ce seroit encore une bien plus grande injustice. Ce sont les hommes de néant, qui ont fait fortune ou par leurs

peres ou par eux-mêmes, à qui ces traits peuvent convenir, & non pas aux personnes de qualité, qui en France comme ailleurs, sont la portion de la République, la plus vertueuse, la plus modérée, & la plus polie.

CHAPITRE VII.

Parellele des Yahous & des Hommes.

LE Lecteur sera peut-être scandalisé des portraits fideles, que je fis alors de l'espece Humaine, & de la sincérité avec laquelle j'en parlai devant un animal superbe, qui avoit déja une si mauvaise opinion de tous les *Yahous*. Mais j'avouë ingénuëment que le caractere des *Houyhnhnms*, & les excellentes qualités de ces vertueux Quadrupedes avoient fait une telle impression sur mon esprit, que je ne pouvois les comparer à nous autres Humains, sans mépriser tous mes semblables. Ce mépris me les fit regarder comme presque indignes de tout ménagement. D'ailleurs, mon Maitre avoit l'esprit très-pénétrant, & remarquoit tous les jours dans ma personne des défauts énormes, dont je ne m'étois jamais aperçû & que je regardois tout au plus, comme

de

de fort legeres imperfections. Ses censures judicieuses m'inspirerent un esprit critique & misanthrope, & l'amour qu'il avoit pour la vérité me fit détester le mensonge, & fuïr le déguisément dans mes recits.

Mais j'avouërai encore ingenuëment un autre principe de ma sincerité. Lorsque j'eus passé une année parmi les *Houyhnhnms*, je conçûs pour eux tant d'amitié, de respect, d'estime & de vénération, que je résolus alors de ne jamais songer à retourner dans mon païs, mais de finir mes jours dans cette heureuse contrée, où le Ciel m'avoit conduit pour m'aprendre à cultiver la vertu. Heureux si ma résolution eut été efficace! Mais la Fortune qui m'a toûjours persecuté, n'a pas permis que je pûsse joüir de ce bonheur. Quoiqu'il en soit, à present que je suis en Angleterre, je me sçais bon gré de n'avoir pas tout dit, & d'avoir caché aux *Houyhnhnms* les trois quarts de nos extravagances & de nos vices: je palliois même de temps en temps, autant qu'il m'étoit possible, les défauts de mes compatriotes. Lors même que je les révélois, j'usois de restrictions mentales, & tâchois de dire le faux sans mentir. N'étois-je pas en cela tout-à-fait excusable ? Qui est-ce qui n'est pas un peu partial, quand il s'agit de sa chére Patrie ?

J'ai rapporté jusqu'ici la substance de mes entretiens avec mon Maître, durant le temps que j'eus l'honneur d'être à son service ; mais pour éviter d'être long, j'ai passé sous silence plusieurs autres articles.

Un jour il m'envoya chercher de grand matin, & m'ordonnant de m'asseoir à quelque distance de lui, (honneur qu'il ne m'avoit point encore fait), il me parla ainsi : J'ai repassé dans mon esprit tout ce que vous m'avés dit, soit à vôtre sujet, soit au sujet de vôtre païs. Je vois clairement que vous, & vos compatriotes avés une étincelle de raison, sans que je puisse deviner comment ce petit lot vous est échû. Mais je vois aussi que l'usage que vous en faites n'est que pour augmenter tous vos défauts naturels, & pour en acquerir d'autres, que la nature ne vous avoit point donnés. Il est certain que vous ressemblés aux *Yahous* de ce païs-ci, pour la figure exterieure, & qu'il ne vous manque, pour être parfaitement tel qu'eux, que de la force, de l'agilité, & des griffes plus longues. Mais du côté des mœurs la ressemblance est entiere. Ils se haïssent mortellement les uns les autres, & la raison que nous avons coûtume d'en donner, est qu'ils voyent mutuellement leur laideur & leur figure odieuse, sans qu'aucun d'eux considere la sienne propre. Comme vous avés un petit grain de raison, & que vous avés compris que la vûë reciproque de la figure impertinente de vos corps étoit pareillement une chose insupportable, & qui vous rendroit odieux les uns aux autres, vous vous êtes avisés de les couvrir par prudence & par amour propre. Mais malgré cette précaution, vous ne vous haïssés pas moins, parce que d'autres sujets de division, qui régnent parmi nos

Yahous, régnent aussi parmi vous. Si par exemple, nous jettons à cinq *Yahous* autant de viande, qu'il en suffiroit pour en rassasier cinquante, ces cinq animaux gourmands & voraces, au lieu de manger en paix ce qu'on leur donne en abondance, se jettent les uns sur les autres, se mordent, se déchirent, & chacun d'eux veut manger tout ; en sorte que nous sommes obligés de les faire tous repaître à part, & même de lier ceux qui sont rassasiez, de peur qu'ils n'aillent se jetter sur ceux qui ne le sont pas encore. Si une vache dans le voisinage meurt de vieillesse ou par accident, nos *Yahous* n'ont pas plûtôt appris cette agréable nouvelle, que les voila tous en campagne, troupeau contre troupeau, basse-cour contre basse-cour ; c'est à qui s'emparera de la Vache. On se bat, on s'égratigne, on se déchire, jusqu'à ce que la victoire penche d'un côté ; & si on ne se massacre point, c'est qu'on n'a pas la Raison des *Yahous* d'Europe, pour inventer des machines meurtrieres, & des armes *massacrantes*.

Nous avons, en quelques endroits de ce païs, de certaines pierres luisantes de differentes couleurs, dont nos *Yahous* sont fort amoureux. Lors qu'ils en trouvent, ils font leur possible pour les tirer de la terre où elles sont ordinairement un peu enfoncées, ils les portent dans leurs loges, & en font un amas qu'ils cachent soigneusement, & sur lequel ils veillent sans cesse, comme sur un thresor, prenant bien garde que leurs camarades ne le découvrent. Nous n'avons encore pû connoître d'où leur vient cette inclination violente pour les pierres luisantes, ni à quoi elles peuvent leur être utiles. Mais je m'imagine à present que cette Avarice de vos *Yahous*, dont vous m'avés parlé, se trouve aussi dans les nôtres & que c'est ce qui les rend si passionnés pour les pierres luisantes. Je voulus une fois enlever à un de nos *Yahous* son cher thresor. L'animal voyant qu'on lui avoit ravi l'objet de sa passion, se mit à hurler de toute sa force; il entra en fureur, & puis tomba en foiblesse;

il devint languissant ; il ne mangea plus, ne dormit plus, ne travailla plus, jusqu'à ce que j'eusse donné ordre à un de mes domestiques de reporter le thresor dans l'endroit d'où je l'avois tiré. Alors le *Yahou* commença à reprendre ses esprits & sa bonne humeur, & ne manqua pas de cacher ailleurs ses bijoux.

Lors qu'un *Yahou* à découvert dans un champ une de ces pierres, souvent un autre *Yahou* survient, qui là lui dispute. Tandis qu'ils se battent, un troisiéme accourt & emporte la pierre, & voilà le procés terminé. Selon ce que vous m'avés dit, ajoûta-t'il, vos procès ne se vuident pas si promptement dans vôtre païs, ni à si peu de frais. Ici les deux Plaideurs (si je puis les appeller ainsi) en sont quittes pour n'avoir ni l'un, ni l'autre la chose disputée, au lieu que chés vous, en plaidant, on perd souvent, & ce qu'on veut avoir, & ce qu'on a.

Il prend souvent à nos *Yahous* une fantaisie, dont nous ne pouvons concevoir la cause. Gras, bien nourris, bien couchés, traités doucement par leurs Maîtres, pleins de santé & de force, ils tombent tout-à-coup dans un abatement, dans un dégoût, dans une mélancolie noire, qui les rend mornes & stupides. En cet état, ils fuïent leurs camarades, ils ne mangent point, ils ne sortent point, ils paroissent rêver dans le coin de leur loge, & s'abymer dans leurs pensées lugubres. Pour les guerir de cette maladie, nous n'avons trouvé qu'un remede ; c'est de les reveiller par un traitement un peu dur, & de les emploïer à des travaux penibles. L'occupation, que nous leur donnons alors, met en mouvement tous leurs esprits, & rappelle leur vivacité naturelle. Lorsque mon Maître me raconta ce fait avec ses circonstances, je ne pûs m'empêcher de songer à mon païs, où la même chose arrive souvent, & où l'on voit des hommes comblés de biens & d'honneurs, pleins de santé & de vigueur, environnés de plaisirs, & préservez de toute inquiétude, tomber tout-à-coup dans la tristesse & dans la langueur, devenir à charge à eux-mêmes, se consumer par des réflexions chimériques, s'affliger, s'apesantir, & ne faire plus aucun usage de leur esprit livré aux vapeurs Hypocondriaques. Je suis persuadé que le remede qui convient à cette maladie, est celui qu'on donne aux *Yahous*, & qu'une vie laborieuse & penible, est un régime excellent pour la tristesse & la mélancolie. C'est un remede que j'ai éprouvé moi-même & que je conseille au Lecteur de pratiquer, lorsqu'il se trouvera dans un pareil état. Au reste, pour prévenir le mal, je l'exorte à n'être jamais oisif; & supposé qu'il n'ait malheureusement aucune occupation dans le monde, je le prie d'observer, qu'il y a de la différence entre ne faire rien, & n'avoir rien à faire.

Nos *Yahous* (continua mon Maître) ont une passion violente pour une certaine racine qui rend beaucoup de jus. Ils la cherchent avec ardeur & la succent avec un plaisir extrême, & sans se lasser. Alors on les voit tantôt se caresser, tantôt s'égratigner, tantôt hurler & faire des grimaces, tantôt jaser, danser, se jetter par terre, se rouler & s'endormir dans la bouë.

Les femelles des *Yahous* semblent redouter & fuir l'approche des mâles; elles ne souffrent point qu'ils les caressent ouvertement devant les autres; la moindre liberté en public les blesse, les révolte & les met en courroux. Mais lors qu'une de ces chastes femelles voit passer dans un endroit écarté quelque *Yahou* jeune & bien fait, aussi-tôt elle se cache derriere un arbre ou un buisson, de maniere pourtant que le jeune *Yahou* puisse l'apercevoir & l'aborder. Aussi-tôt elle s'enfuit, mais regardant souvent derriere elle, & conduit si bien ses pas, que le *Yahou* passionné qui la poursuit, l'atteint enfin dans un lieu favorable au mystere & à ses desirs. Là desormais elle attendra tous les jours son nouvel amant, qui ne manquera point de s'y rendre, à moins qu'une pareille avanture ne se presente à lui sur le chemin, & ne lui fasse oublier la premiere. Mais la femelle manque quelquefois elle-même au rendés-vous ; le changement plaît des deux côtés, & la diversité est autant du goût de l'un que de l'autre. Le plaisir d'une femelle est de voir des Mâles se terrasser, se mordre, s'égratigner, se déchirer pour l'amour d'elle : elle les excite au combat, & devient le prix du vainqueur, à qui elle se donne pour l'égratigner dans la suite lui-même, ou pour en être égratignée : & c'est par-là que finissent toutes leurs amours. Ils aiment passionnément leurs petits ; les Mâles, qui s'en croyent les Peres, les cherissent, quoi qu'il leur soit impossible de s'assûrer qu'ils ayent eu part à leur naissance.

Je m'attendois que son *Honneur* alloit en dire bien davantage au sujet des mœurs des *Yahous*, & qu'il ne lui échaperoit rien de tous nos vices. J'en rougissois d'avance pour l'honneur de mon Espece, & je craignois qu'il n'allât décrire tous les genres d'impudicité qui régnent parmi les *Yahous* de son païs: c'auroit été l'affreuse image de nos débauches à la mode, où la nature ne suffit pas à nos desirs effrenés, où cette nature se cherche sans se trouver, & où nous nous formons des plaisirs inconnus aux autres animaux: Vice odieux auquel les seuls *Yahous* ont du penchant, & que la Raison n'a pû étouffer dans ceux de nôtre Hemisphere.

CHAPITRE VIII.

Philosophie & Mœurs des Houyhnhnms.

JE priois quelquefois mon Maître de me laisser voir les troupeaux des *Yahous* du voisinage, afin d'examiner par moi-même leurs manieres & leurs inclinations. Persuadé de l'aversion que j'avois pour eux, il n'aprehenda point que leur vûë & leur commerce me corrompit ; mais il voulut qu'un gros cheval Alezan-brulé, l'un de ses fideles domestiques, & qui étoit d'un fort bon naturel, m'accompagnât toûjours, de peur qu'il ne m'arrivât quelque accident.

Ces *Yahous* me regardoient comme un de leurs semblables, sur tout aïant une fois vû mes manches retroussées, avec ma poitrine & mes bras découverts. Ils voulurent pour lors s'aprocher de moi, & ils se mirent à me contrefaire, en se dressant sur leurs piés de derriere, en levant la tête, & en mettant une de leurs pattes sur le côté. La vûë de ma figure les faisoit éclater de rire. Ils me témoignerent néanmoins de l'aversion & de la haine, comme font toûjours les Singes sauvages à l'égard d'un Singe aprivoisé, qui porte un chapeau, un habit & des bas.

Il ne m'arriva avec eux qu'une avanture. Un jour qu'il faisoit fort chaud, & que je me baignois, une jeune *Yahousse* me vit, se jetta dans l'eau, s'aprocha de moi, & se mit à me serrer de toute sa force. Je poussai de grands cris, & je crus qu'avec ses griffes elle alloit me déchirer ; mais malgré la fureur qui l'animoit & la rage peinte dans ses yeux, elle ne m'égratigna seulement pas. L'Alezan accourut & la menaça, & aussi-tôt elle prit la fuite. Cette histoire ridicule ayant été racontée à la maison, réjoüit fort mon Maître & toute sa famille, mais elle me causa beaucoup de honte & de confusion.

Je ne sçai si je dois remarquer que cette *Yahousse*, avoit les cheveux noirs, & la peau bien moins brune que toutes celles que j'avois vûës.

Comme j'ai passé trois années entieres dans ce païs-là, le Lecteur attend de moi sans doute, qu'à l'exemple de tous les autres Voyageurs, je fasse un ample recit des Habitans de ce païs; c'est-à-dire, des *Houyhnhnms*, & que j'expose en détail leurs usages, leurs mœurs, leurs maximes, leurs manieres. C'est aussi ce que je vais tâcher de faire, mais en peu de mots.

Comme les *Houyhnhnms*, qui sont les maîtres & les animaux dominans dans cette contrée, sont tous nés avec une grande inclination pour la vertu, & n'ont pas même l'idée du mal par raport à une créature raisonnable, leur principale maxime est de cultiver & de perfectionner leur raison, & de la prendre pour guide dans toutes leurs actions. Chés eux la Raison ne produit point de problêmes, comme parmi nous, & ne forme point d'argumens également vrai-semblables, pour & contre. Ils ne sçavent ce que c'est que de mettre tout en question, & de deffendre des sentimens absurdes, & des maximes malhonnêtes & pernicieuses, à la faveur de la *Probabilité*. Tout ce qu'ils disent porte la conviction dans l'esprit, parce qu'ils n'avancent rien d'obscur, rien de douteux, rien qui soit déguisé ou défiguré par les passions & par l'interêt. Je me souviens que j'eus beaucoup de peine à faire comprendre à mon Maître ce que j'entendois par le mot d'*opinion*, & comment il étoit possible que nous disputassions quelquefois, & que nous fussions rarement du même avis. La Raison, disoit-il, n'est-elle pas immuable ? La Verité n'est-elle pas une ? Devons-nous affirmer comme sur, ce qui est incertain ? Devons-nous nier positivement ce que nous ne voyons pas clairement ne pouvoir être ? Pourquoi agités-vous des questions, que l'évidence ne peut décider, & où quelque parti que vous preniés, vous serés toûjours livrés au doute

& à l'incertitude ? A quoi servent toutes ces conjectures philosophiques, tous ces vains raisonnemens sur des matieres incomprehensibles, toutes ces recherches steriles, & ces disputes éternelles ? Quand on a de bons yeux, on ne se heurte point : avec une raison pure & clairvoyante, on ne doit point contester ; & puisque vous le faites, il faut que vôtre Raison soit couverte de ténébres, ou que vous haïssiez la verité.

C'étoit une chose admirable que la bonne Philosophie de ce Cheval : Socrate ne raisonna jamais plus sensément. Si nous suivions ces maximes, il y auroit assûrément en Europe moins d'erreurs qu'il n'y en a. Mais alors que deviendroient nos Bibliotheques, que deviendroit la réputation de nos Sçavans, & le négoce de nos Libraires ? La Republique des Lettres ne seroit plus que celle de la Raison, & il n'y auroit dans les Universités d'autres écoles que celle du Bon-sens.

Les *Houyhnhnms* s'aiment les uns

les autres, s'aident, se soûtiennent, & se soulagent reciproquement. Ils ne se portent point envie: ils ne sont point jaloux du bonheur de leurs voisins. Ils n'attentent point sur la liberté, & sur la vie de leurs semblables; ils se croiroient mal-heureux, si quelqu'un de leur espece l'étoit, & ils disent à l'exemple d'un Ancien: *Nihil caballini à me alienum puto.* Ils ne médisent point les uns des autres; la satire ne trouve chés eux ni principe ni objet: les superieurs n'accablent point les inferieurs du poids de leur rang & de leur autorité; leur conduite sage, prudente & moderée ne produit jamais le murmure; la dépendance est un lien, & non un joug, & la puissance toûjours soûmise aux loix de l'équité, est réverée sans être redoutable.

Leurs mariages sont bien mieux assortis que les nôtres. Les mâles choisissent pour épouses des femelles de la même couleur qu'eux. Un Gris-pommelé épousera toujours une Gris-pommelée, & ainsi des autres. On ne voit donc ni changement, ni révolution, ni déchet dans les familles; les enfans sont tels que leurs peres & leurs meres: leurs armes & leurs titres de Nobleſſe consiſtent dans leur figure, dans leur taille, dans leur force, dans leur couleur; qualités qui se perpetuent dans leur posterité: en sorte qu'on ne voit point un Cheval magnifique & superbe engendrer une Roſſe, ni d'une Roſſe naître un beau Cheval, comme cela arrive si souvent en Europe.

Parmi eux, on ne remarque point de mauvais ménage. L'épouse est fidele à son mari, & le mari l'est également à son épouse.

L'un & l'autre vieilliſſent ſans ſe refroidir, au moins du côté du cœur; le divorce & la séparation, quoique permis, n'ont jamais été pratiqués chés eux; les époux sont toûjours amans & les épouses toûjours Maîtreſſes; ils ne sont point imperieux, elles ne sont point rebelles, & jamais elles ne s'avisent de refuser ce qu'ils sont en droit, & presque toûjours en état d'exiger.

Leur chasteté reciproque est le le fruit de la Raison, & non de la crainte, des égards, ou du préjugé. Ils sont chastes & fideles, parce que, pour la douceur de leur vie & pour le bon ordre, ils ont promis de l'être. C'est l'unique motif qui leur fait considerer la chasteté comme une vertu. Ils regardent d'ailleurs comme un vice condamné par la nature la négligence d'une propagation légitime de leur espece, & ils abhorrent tout ce qui y peut mettre obstacle, ou y apporter quelque retardement.

Ils élevent leurs enfans avec un soin infini. Tandis que la mere veille sur le corps & sur la santé, le pere veille sur l'esprit & sur la raison. Ils répriment en eux, autant qu'il est possible, les saillies & les ardeurs fougueuses de la jeunesse, & les marient de bonne heure, conformément aux conseils de la Raison, & aux desirs de la Nature. En attendant, ils ne souffrent aux jeunes mâles qu'une seule maîtresse, qui loge avec eux, & est mise au nombre des domestiques de la maison, mais qui au moment du mariage est toûjours congediée.

On donne aux femelles à peu près la même éducation qu'aux mâles, & je me souviens que mon Maître trouvoit déraisonnable & ridicule nôtre usage à cet égard. Il disoit que la moitié de nôtre Espece n'avoit d'autre talent que celui de la multiplier.

Le mérite des mâles consiste principalement dans la force & dans la legereté, & celui des femelles dans la douceur & dans la souplesse. Si une femelle a les qualités d'un mâle, on lui cherche un époux qui ait les qualités d'une femelle ; alors tout est compensé, & il arrive, comme quelquefois parmi nous, que la femme est le mari, & que le mari est la femme. En ce cas, les enfans qui naissent d'eux ne dégenerent point, mais rassemblent & perpetuent heureusement les proprietés des Auteurs de leur être.

CHAPITRE IX.

Parlement des Houyhnhnms. Question importante agitée dans cette assemblée de toute la Nation ; détail, au sujet de quelques usages du Pays.

PEndant mon séjour en ce païs des *Houyhnhnms*, environ trois mois avant mon départ, il y eut une assemblée generale de la nation, une espece de Parlement, ou mon Maître se rendit, comme député de son canton. On y traitta une affaire qui avoit déja été cent fois mise sur le bureau, & qui étoit la seule question, qui eut jamais partagé les esprits des *Houyhnhnms*. Mon Maître à son retour me rapporta tout ce qui s'étoit passé à ce sujet.

Il s'agissoit de décider, s'il falloit absolument exterminer la race des *Yahous*. Un des Membres soutenoit l'affirmative, & appuïoit son avis de diverses preuves très-fortes & très-solides. Il prétendoit que le *Yahou* étoit l'animal le plus difforme, le plus méchant & le plus dangereux, que la nature eut jamais produit; qu'il étoit également malin & indocile, & qu'il ne songeoit qu'à nuire à tous les autres animaux. Il rappella une ancienne tradition répanduë dans le païs, selon laquelle on assuroit que les *Yahous* n'y avoient pas été de tout temps; mais que dans un certain siécle, il en avoit paru deux sur le haut d'une montagne, soit qu'ils eussent été formés d'un limon gras & glutineux, échauffé par les raions du Soleil, soit qu'ils fussent sortis de la vase de quelque marécage, soit que l'écume de la Mer les eut fait éclorre: que ces deux *Yahous* en avoient engendré plusieurs autres, & que leur espece s'étoit tellement multipliée, que tout le païs en étoit infecté: Que pour prévenir les inconveniens d'une pareille multiplication, les *Houyhnhnms* avoient autrefois ordonné une Chasse generale des *Yahous*, qu'on en avoit pris une grande quantité, & qu'après avoir détruit tous les vieux, on en avoit gardé les plus jeunes pour les apprivoiser, autant que cela feroit possible, à l'égard d'un animal aussi méchant, & qu'on les avoit destinés à tirer & à porter. Il ajoûta, que ce qu'il y avoit de plus certain dans cette tradition, étoit que les *Yahous* n'étoient point *Ylnhniamshy*, (c'est-à-dire *aborigenes*.) Il représenta que les Habitans du pays, ayant eu l'imprudente fantaisie de se servir des *Yahous*, avoient mal-à-propos négligé l'usage des ânes, qui étoient de très-bons animaux, doux, paisibles, dociles, soûmis, aisés à nourrir, infatigables, & qui n'avoient d'autre défaut, que d'avoir une voix un peu desagréable, mais qui l'étoit encore moins que celle de la plûpart des *Yahous*.

Plusieurs autres Senateurs ayant harangué diversement, & très-éloquemment sur le même sujet, mon

Maître se leva & proposa un expédient judicieux, dont je lui avois fait naître l'idée. D'abord il confirma la Tradition populaire par son suffrage, & appuia ce qu'avoit dit sçavamment sur ce point d'histoire l'*Honorable Membre*, qui avoit parlé avant lui. Mais il ajoûta, qu'il croïoit que ces deux premiers *Yahous*, dont il s'agissoit, étoient venus de quelques païs d'outre-mer, & avoient été mis à terre, & ensuite abandonnés par leurs camarades: qu'ils s'étoient d'abord retirés sur les montagnes & dans les forêts, que dans la suite des temps, leur naturel s'étoit alteré, qu'ils étoient devenus Sauvages & farouches, & entierement differens de ceux de leur espece qui habitent des païs éloignés. Pour établir & appuïer solidement cette proposition, il dit qu'il avoit chés lui depuis quelque-temps un *Yahou* très-extraordinaire, dont tous les Membres de l'assemblée avoient sans doute oüi parler, & que plusieurs même avoient vû. Il raçonta alors comment, il m'avoit

voit trouvé d'abord, & comment mon corps étoit couvert d'une composition artificielle de poils & de peaux de bêtes : il dit que j'avois une langue qui m'étoit propre, & que pourtant j'avois parfaitemens appris la leur : que je lui avois fait le recit de l'accident qui m'avoit conduit sur ce rivage ; qu'il m'avoit vû dépoüillé & nud & avoit observé que j'étois un vrai & parfait *Yahou*, si ce n'est que j'avois la peau blanche, peu de poil, & des griffes fort courtes. Ce *Yahou* étranger, ajoûta-t'il, m'a voulu persuader que dans son pays, & dans beaucoup d'autres qu'il a parcourus, les *Yahous* sont les seuls animaux maîtres, dominants & raisonnables, & que les *Houyhnhnms* y sont dans l'esclavage & dans la misere. Il a certainement toutes les qualités extérieures de nos *Yahous*, mais il faut avoüer qu'il est bien plus poli, & qu'il a même quelque teinture de raison. Il ne raisonne pas tout-à-fait comme un *Houyhnhnm*, mais il a au moins des connoissances, & des lumieres fort superieures à celles de nos *Yahous*. Mais voici, Messieurs, ce qui va vous surprendre, & à quoi je vous supplie de faire attention : le croirés-vous ? Il m'a assûré que dans son païs on rendoit Eunuques les *Houyhnhnms* dès leur plus tendre jeunesse ; que cela les rendoit doux & dociles, & que cette operation étoit aisée & nullement dangereuse. Sera-ce là la premiere fois, Messieurs, que les Bêtes nous auront donné quelque leçon, & que nous aurons suivi leur utile exemple ? La fourmi ne nous apprend-elle pas à être industrieux & prévoyans, & l'hirondelle ne nous a-t'elle pas donné les premiers élemens de l'Architecture ? Je conclus donc, qu'on peut fort bien introduire en ce païs-ci, par rapport aux jeunes *Yahous*, l'usage de la *Castration*. L'avantage qui en résultera est que ces *Yahous* ainsi mutilés seront plus doux, plus soûmis, plus traitables, & par ce même moyen, nous en détruirons peu à peu la maudite engence. J'opine en même temps, qu'on exhortera tous les *Houyhnhnms* à élever avec grand soin les Asnons, qui sont en verité préférables aux *Yahous* à tous égards, sur tout en ce qu'ils sont capable de travailler à l'âge de cinq ans, tandis que les *Yahous* ne sont capables de rien jusqu'à douze.

Voila ce que mon Maître m'apprit des déliberations du Parlement. Mais il ne me dit pas une autre particularité qui me regardoit personnellement, & dont je ressentis bientôt les funestes effets. C'est helas, la principale époque de ma vie infortunée. Mais avant que d'exposer cet article, il faut que je dise encore quelque chose du caractere & des usages des *Houyhnhnms*.

Les *Houyhnhnms* n'ont point de Livres: ils ne sçavent ni lire ni écrire, & par consequent toute leur science est la tradition. Comme ce peuple est paisible, uni, sage, vertueux, très-raisonnable, & qu'il n'a aucun commerce avec les Peuples étrangers, les grands évenemens sont très-rares dans leur païs, & tous les traits de leur Histoire, qui méritent d'être sçûs, peuvent aisément se conserver dans leur mémoire, sans la surcharger.

Ils n'ont ni maladies ni Medecins. J'avouë que je ne puis décider, si le défaut des Medecins vient du défaut des maladies, ou si le défaut des maladies vient du défaut des Medecins, ce n'est pas pourtant qu'ils n'ayent de tems en tems quelques indispositions, mais ils sçavent se guerir aisément eux-mêmes, par la connoissance parfaite qu'ils ont des plantes & des herbes medecinales, vû qu'ils étudient sans cesse la Botanique dans leurs promenades, & souvent même pendant leur repas.

Leur Poësie est fort belle, & surtout très-harmonieuse. Elle ne consiste ni dans un badinage familier & bas, ni dans un langage affecté, ni dans un jargon précieux, ni dans des pointes épigrammatiques, ni dans des subtilités obscures, ni dans des antitheses puériles, ni dans les *Agudezas* des Espagnols, ni dans les *Concetti* des Italiens, ni dans les figures outrées des Orientaux. L'agrément & la justesse des similitudes, la richesse & l'exactitude des descriptions, la liaison & la vivacité des Images, voilà l'essence & le caractére de leur Poësie. Mon Maître me recitoit quelquefois des morceaux admirables de leurs meilleurs Poëmes ; c'étoit en vérité tantôt le stile d'Homére, tantôt celui de Virgile, tantôt celui de * *Milton*.

Lors qu'un *Houyhnhnm* meurt, cela n'afflige, ni ne rejoüit personne. Ses plus proches parens & ses meilleurs amis regardent son trépas d'un œil sec & très-indifferent. Le mourant lui-même ne témoigne pas le moindre regret de quitter le monde ; il semble finir une visite & prendre congé d'une compagnie, avec laquelle il s'est entretenu long-tems. Je me souviens que mon Maître ayant un jour invité un de ses amis avec toute sa famille, à se rendre chés lui pour une affaire importan-

---

* Poëte Anglois Auteur du *Paradise Lost*, c'est-à-dire, du *Paradis perdu*, Poëme fameux & trés-estimé en Angleterre.

te; on convint de part & d'autre du jour & de l'heure. Nous fûmes surpris de ne point voir arriver la compagnie au temps marqué. Enfin l'épouse accompagnée de ses deux enfans se rendit au logis, mais un peu tard, & dit en entrant qu'elle prioit qu'on l'excusât, parce que son mari venoit de mourir ce matin d'un accident imprévû. Elle ne se servit pourtant pas du terme de *mourir*, qui est une expression mal-honnête, mais de celui de *Shnuwnh*, qui signifie à la lettre, *aller retrouver sa grand' mere*. Elle fut très-gaye pendant tout le temps qu'elle passa au logis, & mourut elle-même gayement au bout de trois mois, ayant eu une assés agréable agonie.

Les *Houyhnhnms* vivent la plûpart soixante-dix & soixante-quinze ans, & quelques-uns quatre-vingts. Quelques semaines avant que de mourir, ils pressentent ordinairement leur fin, & n'en sont point effrayez. Alors ils reçoivent les visites & les complimens de tous leurs amis, qui viennent leur souhaitter un bon voyage. Dix jours avant le décès, le futur Mort qui ne se trompe presque jamais dans son calcul, va rendre toutes les visites, qu'il a reçûës, porté dans une Litiere par ses *Yahous* ; c'est alors qu'il prend congé dans les formes de tous ses amis, & qu'il leur dit un dernier adieu en cérémonie, comme s'il quittoit une contrée, pour aller passer le reste de sa vie dans une autre.

Je ne veux pas oublier d'observer ici, que les *Houyhnhnms* n'ont point de terme dans leur Langue pour exprimer ce qui est mauvais, & qu'ils se servent de métaphores tirées de la difformité & des mauvaises qualités des *Yahous*. Ainsi lorsqu'ils veulent exprimer l'étourderie d'un domestique, la faute d'un de leurs enfans, une pierre qui leur a offensé le pié, un mauvais temps & autres choses semblables, ils ne font que dire la chose dont il s'agit, en y ajoûtant simplement l'epithete d'*Yahou*. Par exemple pour exprimer ces choses, ils di-

VOYAGE AU PAYS

ront *hhhm Yahou*, *Whnaholm Yahou*, *Ynlhmndwihlma Yahou*, & pour signifier une maison mal bâtie, ils diront, *Ynholmhnmrohlnw Yahou*.

Si quelqu'un desire en sçavoir davantage, au sujet des mœurs & des usages des *Houyhnhnms*, il prendra, s'il lui plaît, la peine d'attendre qu'un gros volume *in quarto*, que je prépare sur cette matiere, soit achevé. J'en publierai incessamment le *Prospectus*, & les Souscripteurs ne seront point frustrés de leur esperance & de leurs Droits. En attendant, je prie le Public, de se contenter de cet abregé, & de vouloir bien que j'acheve de lui conter le reste de mes avantures.

CHA-

CHAPITRE X.

Felicité de l'Auteur dans le pays des Houyhnhnms. Les plaisirs qu'il goûte dans leur conversation : le genre de vie qu'il méne parmi eux. Il est banni du Pays, par ordre du Parlement.

J'Ai toûjours aimé l'ordre & l'économie, & dans quelque situation que je me sois trouvé, je me suis toûjours fait un arrangement industrieux pour ma maniere de vivre. Mon Maître m'avoit assigné une place pour mon logement, environ à six pas de la maison, & ce logement qui étoit une hutte conforme à l'usage du païs & assés semblable à celles des *Yahous*, n'avoit ni agrément ni commodité. J'allai chercher de la terre-glaise, dont je me fis quatre murs & un plancher, & avec des joncs je formai une natte dont je couvris ma hutte. Je cuëillis du chanvre, qui croiſſoit naturellement dans les champs; je le battis, j'en compoſai du fil, & de ce fil une eſpece de toile, que je remplis de plumes d'oiſeaux, pour être couché mollement & à mon aiſe. Je me fis une table & une chaiſe avec mon couteau, & avec le ſecours de l'Alezan. Lorſque mon habit fut entierement uſé, je m'en donnai un neuf de peaux de lapins, auſquelles je joignis celles de certains animaux appellés *Nnuhnoh*, qui ſont fort beaux & à peu près de la même grandeur, & dont la peau eſt couverte d'un duvet très-fin. De cette peau je me fis auſſi des bas très-propres. Je reſémelai mes ſouliers avec de petites planches de bois que j'attachai à l'empeigne; & quand cette empeigne fut uſée entierement, j'en fis une de peau d'*Yahou*. A l'égard de ma nourriture, outre ce que j'ai dit ci-deſſus, je ramaſſois quelquefois du miel dans les troncs des arbres, & je le mangeois avec mon pain d'avoine. Perſonne n'éprouva jamais mieux que moi, que la nature se contente de peu, & que la nécessité est la mere de l'invention.

Je joüissois d'une santé parfaite & d'une paix d'esprit inalterable. Je ne me voïois exposé ni à l'inconstance ou à la trahison des amis, ni aux pieges invisibles des ennemis cachés. Je n'étois point tenté d'aller faire honteusement ma cour à un grand Seigneur ou à sa Maîtresse, pour avoir l'honneur de sa protection & de sa bienveillance. Je n'étois point obligé de me précautionner contre la fraude & l'oppression : il n'y avoit point là d'espion & de délateur gagé, ni de *Lord Mayor* credule, politique, étourdi & malfaisant. Là je ne craignois point de voir mon honneur flétri par des accusations absurdes, & ma liberté honteusement ravie par des complots indignes, & par des ordres surpris. Il n'y avoit point en ce païs-là de Medecins pour m'empoisonner, de Procureurs pour me ruiner, ni d'Auteurs pour m'ennuyer. Je n'étois point environné de railleurs, de rieurs, de médisans, de censeurs, de calomniateurs, d'escrocs, de filoux, de mauvais-plaisans, de joüeurs, d'impertinens nouvellistes, d'esprits-forts, d'hypocondriaques, de babillards, de disputeurs, de gens de parti, de séducteurs, de faux-sçavans. Là point de Marchands trompeurs, point de faquins, point de précieux-ridicules, point d'esprits fades, point de Damoiseaux, point de petits-maîtres, poinf de fats, point de traîneurs d'épée, point d'ivrognes, point de P. point de Pédans. Mes oreilles n'étoient point soüillées de discours licencieux & impies; mes yeux n'étoient point blessés par la vûë d'un maraud enrichi & élevé, & par celle d'un honnête homme abandonné à sa vertu, comme à sa mauvaise destinée.

J'avois l'honneur de m'entretenir souvent avec Messieurs les *Houyhnhnms* qui venoient au logis, & mon Maître avoit la bonté de souffrir que j'entrasse toûjours dans la salle pour profiter de leur conversation. La compagnie me faisoit quelquefois des questions, aufquelles j'avois l'honneur de répondre. J'accompagnois aussi mon Maître dans ses visites ; mais je gardois toûjours le silence, à moins qu'on ne m'interrogeât. Je faisois le personnage d'Auditeur avec une satisfaction infinie ; tout ce que j'entendois étoit utile & agréable, & toûjours exprimé en peu de mots, mais avec grace ; la plus exacte biénséance étoit observée, sans ceremonie. Chacun disoit & entendoit ce qui pouvoit lui plaire. On ne s'interrompoit point, on ne s'assommoit point de recits longs & ennuyeux, on ne disputoit point, on ne chicanoit point.

Ils avoient pour maxime, que dans une compagnie il est bon que le silence régne de temps en temps ; & je croi qu'ils avoient raison. Dans cet intervalle & pendant cette espece de tréve, l'esprit se remplit d'idées nouvelles, & la conversation en devient ensuite plus animée & plus vive. Leurs entretiens rouloient d'ordinaire sur les avantages

& les agrémens de l'amitié, sur les devoirs de la justice, sur la bonté, sur l'ordre, sur les operations admirables de la nature, sur les anciennes traditions, sur les conditions & les bornes de la vertu, sur les régles invariables de la Raison; quelquefois sur les déliberations de la prochaine assemblée du Parlement, & souvent sur le mérite de leurs Poëtes, & sur les qualités de la bonne Poësie.

Je puis dire sans vanité que je fournissois quelquefois moi-même à la conversation, c'est-à-dire, que je donnois lieu à de fort beaux raisonnemens. Car mon Maître les entretenoit de tems en tems de mes avantures & de l'histoire de mon païs; ce qui leur faisoit faire des réfléxions fort peu avantageuses à la Race humaine, & que pour cette raison je ne rapporterai point. J'observerai seulement que mon Maître paroissoit mieux connoître la nature des *Yahous*, qui sont dans les autres parties du monde, que je ne la connoissois moi-même. Il découvroit la source de tous nos égaremens, il approfondissoit la matiere de nos vices & de nos folies, & devinoit une infinité de choses dont je ne lui avois jamais parlé. Cela ne doit point paroître incroyable ; il connoissoit à fond les *Yahous* de son païs, en sorte qu'en leur supposant un certain petit degré de raison, il supputoit de quoi ils étoient capables avec ce surcroît, & son estimation étoit toûjours juste.

J'avouërai ici ingenûment que le peu de lumiere & de Philosophie que j'ai aujourd'hui, je l'ai puisé dans les sages leçons de ce cher Maître, & dans les entretiens de tous ses judicieux amis : entretiens préférables aux doctes conferences des Academies d'Angleterre, de France, d'Allemagne & d'Italie. J'avois pour tous ces illustres personnages une inclination mêlée de respect & de crainte ; & j'étois pénetré de reconnoissance pour la bonté qu'ils avoient de vouloir bien ne me point confondre avec leurs *Yahous*, & de me croire peut-être moins imparfait que ceux de mon païs.

Lorsque je me rappellois le souvenir de ma famille, de mes amis, de mes compatriotes, & de toute la Race humaine en general, je me les representois tous comme de vrais *Yahous*, pour la figure & pour le caractere, seulement un peu plus civilisés, avec le don de la parole & un petit grain de Raison. Quand je considerois ma figure dans l'eau pure d'un clair ruisseau, je détournois le visage sur le champ, ne pouvant soûtenir la vûë d'un animal qui me paroissoit aussi difforme qu'un *Yahou*. Mes yeux accoûtumez à la noble figure des *Houyhnhnms*, ne trouvoient de beauté animale que dans eux. A force de les regarder & de leur parler, j'avois pris un peu de leurs manieres, de leurs gestes, de leur maintien, de leur démarche, & aujourd'hui que je suis en Angleterre, mes amis me disent quelquefois que je trotte comme un cheval. Quand je parle & que je ris, il semble que je hannisse. Je me vois tous les jours raillé sur cela, sans en ressentir la moindre peine.

Dans cet état heureux, tandis que je goûtois les douceurs d'un parfait repos, que je me croyois tranquille pour tout le reste de ma vie, & que ma situation étoit la plus agréable & la plus digne d'envie, un jour mon Maître m'envoya chercher de meilleur matin qu'à l'ordinaire. Quand je me fus rendu auprès de lui, je le trouvai très-férieux, ayant un air inquiet & embarassé, voulant me parler, & ne pouvant ouvrir la bouche. Après avoir gardé quelque tems un morne silence, il me tint ce discours. Je ne sçai comment vous allés prendre, mon cher fils, ce que je vais vous dire; vous sçaurés que dans la derniere assemblée du Parlement, à l'occasion de l'affaire des *Yahous*, qui a été mise sur le Bureau, un Député a representé à l'Assemblée, qu'il étoit indigne & honteux que j'eusse chés moi un *Yahou*, que je traitois comme un *Houyhnhnm*; qu'il m'avoit vû converser avec lui, & prendre plaisir à son entretien comme à celui d'un de mes semblables : que c'étoit un procedé contraire à la Raison & à la Nature, & qu'on n'avoit jamais oüi parler de chose pareille. Sur cela, l'Assemblée m'a *exhorté* à faire de deux choses l'une, ou à vous releguer parmi les autres *Yahous*, qu'on va mutiler au premier jour, ou à vous renvoyer dans le païs d'où vous êtes venu. La plûpart des Membres qui vous connoissent, & qui vous ont vû chés moi ou chés eux, ont rejetté l'alternative, & ont soûtenu qu'il seroit injuste & contraire à la bienséance de vous mettre au rang des *Yahous* de ce païs, vû que vous avés un commencement de Raison, & qu'il seroit même à craindre, alors que vous ne leur en communiquassiés; ce qui les rendroit peut-être plus méchans encore : que d'ailleurs étant mêlé avec les *Yahous*, vous pourriés cabaler avec eux, les soûlever, les conduire tous dans une forêt ou sur le sommet d'une montagne, ensuite vous mettre à leur tête, & venir fondre sur tous les *Houyhnhnms*, pour les déchirer & les détruire. Cet avis a été suivi à la pluralité des voix, & j'ai été *exhorté* à vous renvoyer incessamment. Or on me presse aujourd'hui d'executer ce résultat, & je ne puis plus differer. Je vous conseille donc de vous mettre à la nage, ou bien de construire un petit bâtiment semblable à celui qui vous a apporté dans ces lieux, & dont vous m'avés fait la description, & de vous en retourner par mer, comme vous êtes venu. Tous les domestiques de cette maison, & ceux même de mes voisins vous aideront dans cet ouvrage. S'il n'eut tenu qu'à moi, je vous aurois gardé toute vôtre vie à mon service, parce que vous avés d'assés bonnes inclinations, que vous vous êtes corrigé de plusieurs de vos défauts & de vos mauvaises habitudes, & que vous avés fait tout vôtre possible pour vous conformer, autant que vôtre malheureuse nature en est capable, à celle des *Houyhnhnms*.

(Je remarquerai en passant que les Decrets de l'assemblée generale de la nation des *Houyhnhnms*, s'expriment toûjours par le mot de *Hnhloayn*, qui signifie *exhortation*. Ils ne peuvent concevoir qu'on puisse forcer & contraindre une creature raisonnable, comme si elle étoit capable de désobéïr à la Raison.)

Ce discours me frappa, comme un coup de foudre; je tombai en un instant dans l'abattement, & dans le desespoir & ne pouvant resister à l'impression de la douleur, je m'évanoüis aux piés de mon Maître, qui me crût mort. Quand j'eus un peu repris mes sens, je lui dis d'une voix foible & d'un air affligé, que quoique je ne pûsse blâmer l'*éxortation* de l'assemblée generale, ni la sollicitation de tous ses amis, qui le pressoient de se défaire de moi, il me sembloit neanmoins, selon mon foible jugement, qu'on auroit pû décerner contre moi une peine moins rigoureuse : qu'il m'étoit impossible de me mettre à la nage; que je pourrois tout au plus nager une lieuë, & que cependant la terre la plus proche étoit peut-être éloignée de cent lieuës : qu'à l'égard de la construction d'une barque, je ne trouverois jamais dans le païs ce qui étoit nécessaire pour un pareil bâtiment : Que neanmoins je voulois obéïr, malgré l'impossibilité de faire ce qu'il me conseilloit, & que je me regardois comme une creature condamnée à perir : Que la vûë de la mort ne m'effrayoit point, & que je l'attendois comme le moindre des maux dont j'étois menacé : Que supposé que je pûsse traverser les Mers, & retourner dans mon païs, par quelque avanture extraordinaire & inesperée, j'aurois alors le malheur de retrouver les *Yahous*, d'être obligé de passer le reste de ma vie avec eux, & de retomber bien-tôt dans toutes mes mauvaises habitudes : Que je sçavois bien que les raisons qui avoient déterminé Messieurs les *Houyhnhnms* étoient trop solides, pour oser leur opposer celles d'un miserable *Yahou*, tel que moi ; qu'ainsi j'acceptois l'offre obligeante qu'il me faisoit du secours de ses domestiques pour m'aider à construire une barque : Que je le priois seulement de vouloir bien m'accorder un espace de tems, qui pût suffire à un ouvrage aussi difficile, qui étoit destiné à la conservation de ma miserable vie : Que si je retournois jamais en Angleterre, je tâcherois de me rendre utile à mes Compatriotes, en leur traçant le portrait & les vertus des Illustres *Houyhnhnms*, & en les proposant pour exemple à tout le Genre-Humain.

Son *Honneur* me repliqua en peu de mots, & me dit qu'il m'accordoit deux mois, pour la construction de ma Barque ; & en même-temps ordonna à l'Alezan mon camarade, (car il m'est permis de lui donner ce nom en Angleterre,) de suivre mes instructions ; parce que j'avois dit à mon Maître, que lui seul me suffiroit, & que je sçavois qu'il avoit beaucoup d'affection pour moi.

La premiere chose que je fis, fut d'aller avec lui vers cet endroit de la côte où j'avois autrefois abordé.

Je montai sur une hauteur, & jettant les yeux de tous côtés sur les vastes espaces de la Mer, je crûs voir, vers le Nord-Est, une petite Isle. Avec mon Telescope je la vis clairement, & je supputai qu'elle pouvoit être éloignée de cinq lieuës. Pour le bon Alezan, il disoit d'abord que c'étoit un nuage. Comme il n'avoit jamais vû d'autre terre que celle où il étoit né, il n'avoit pas le coup d'œil, pour distinguer sur la Mer les objets éloignés, comme moi qui avois passé ma vie sur cet élement. Ce fut à cette Isle que je résolus alors de me rendre, lorsque ma barque seroit construite.

Je retournai au logis avec mon camarade, & après avoir un peu raisonné ensemble, nous allâmes dans une forest, qui étoit peu éloignée, où moi avec mon coûteau, & lui avec un caillou tranchant, emmanché fort adroitement, coupâmes le bois nécessaire pour l'ouvrage. Afin de ne point ennuïer le Lecteur du détail de nôtre travail, il suffit de dire qu'en six semaines de temps, nous fîmes un espece de Cannot, à la façon des Indiens, mais beaucoup plus large, que je couvris de peaux d'*Yahous* cousuës ensemble avec du fil de chanvre. Je me fis une voile de ces mêmes peaux, ayant choisi pour cela, celles des jeunes *Yahous*, parce que celles des vieux auroit été trop dure, & trop épaisse : je me fournis aussi de quatre rames ; je fis provision d'une quantité de chair cuite de lapins & d'oiseaux, avec deux vaisseaux, l'un plein d'eau & l'autre de lait.

Je fis l'épreuve de mon Cannot dans un grand étang, & y corrigeai tous les défauts que j'y pûs remarquer, bouchant toutes les voïes d'eau avec du suif d'*Yahou*, & tâchant de le mettre en état de me porter avec ma petite cargaison. Je le mis alors sur une charette, & le fis conduire au rivage par des *Yahous*, sous la conduite de l'Alezan & d'un autre domestique.

Lorsque tout fut prêt, & que le jour de mon départ fut arrivé, je pris congé

DES HOUYHNHNMS. 257
congé de mon Maître, de Madame son épouse, & de toute la maison, ayant les yeux baignés de larmes, & le cœur percé de douleur. Son *Honneur*, soit par curiosité, soit par amitié, voulut me voir dans mon Cannot, & s'avança vers le rivage avec plusieurs de ses amis du voisinage. Je fus obligé d'attendre plus d'une heure à cause de la Marée ; alors observant que le vent étoit bon pour aller à l'Isle, je pris le dernier congé de mon Maître. Je me prosternai à ses piés, pour les lui baiser, & il me fit l'honneur de lever son pié droit de devant jusqu'à ma bouche. Si je rapporte cette circonstance ce n'est point par vanité ; j'imite tous les Voïageurs qui ne manquent point de faire mention des honneurs extraordinaires qu'ils ont reçûs. Je fis une profonde révérence à toute la compagnie, & me jettant dans mon Cannot je m'éloignai du rivage.

CHAPITRE XI.

L'Auteur est percé d'une flêche que lui décoche un Sauvage. Il est pris par des Portugais qui le conduisent à Lisbonne, d'où il passe en Angleterre.

JE commençai ce malheureux voyage le 15. de Février, l'an 171$\frac{4}{5}$. à neuf heures du matin. Quoique j'eusse le vent favorable, je ne me servis d'abord que de mes rames. Mais considerant que je serois bientôt las, & que le vent pouvoit changer, je me risquai de mettre à la voile, & de cette maniere avec le secours de la Marée, je singlai environ l'espace d'une heure & demie. Mon Maître, avec tous les *Houyhnhnms* de sa compagnie, resterent sur le rivage, jusqu'à ce qu'ils m'eussent perdu de vûë, & j'entendis plusieurs fois mon cher ami l'Alezan, crier *Hnuy illa nyha majah Yahou*, c'est-à-dire, prends bien garde à toi, gentil Yahou.

Mon dessein étoit de découvrir, si je pouvois, quelque petite Isle deserte & inhabitée, où je trouvasse seulement ma nourriture, & de quoi me vêtir. Je me figurois, dans un pareil séjour, une situation mille fois plus heureuse que celle d'un Premier Ministre. J'avois une horreur extrême de retourner en Europe, & d'y être obligé de vivre dans la societé & sous l'Empire des *Yahous*. Dans cette heureuse solitude que je cherchois, j'esperois passer doucement le reste de mes jours, enveloppé dans ma Philosophie, joüissant de mes pensées, n'ayant d'autre objet que le souverain Bien, ni d'autres plaisirs que le témoignage de ma conscience, sans être exposé à la contagion des vices énormes, que les *Houyhnhnms* m'avoient fait apercevoir dans ma détestable Espece.

Le Lecteur peut se souvenir que je lui ai dit, que l'équipage de mon Vaisseau s'étoit révolté contre moi, & m'avoit emprisonné dans ma chambre, que je restai en cet état pendant plusieurs semaines, sans sçavoir où l'on conduisoit mon Vaisseau; & qu'enfin l'on me mit à terre, sans me dire où j'étois. Je crus néanmoins alors que nous étion à dix degrés au Sud du *Cap de bonne Esperance*, & environ à quarante-cinq degrés de latitude meridionale. Je l'inferai de quelques discours generaux que j'avois entendus dans le Vaisseau, au sujet du dessein qu'on avoit d'aller à *Madagascar*. Quoi que ce ne fut-là qu'une conjecture, je ne laissai pas de prendre le parti de singler à l'Est, esperant moüiller au Sud-Oüest de la côte de la *nouvelle Hollande*, & de-là me rendre, à l'Oüest, dans quelqu'une des petites Isles qui sont aux environs. Le vent étoit directement à l'Oüest, & sur les six heures du soir, je supputai que j'avois fait environ dix-huit lieuës vers l'Est.

Ayant alors découvert une très-petite Isle éloignée tout au plus d'une lieuë & demie, j'y abordai en peu de temps. Ce n'étoit qu'un vrai rocher, avec une petite Baye que les tempêtes y avoient formée. J'amarrai mon cannot en cet endroit, & ayant grimpé sur un des côtés du rocher, je découvris, vers l'Est, une terre qui s'étendoit du Sud au Nord. Je passai la nuit dans mon cannot, & le lendemain m'étant mis à ramer de grand matin & de grand courage, j'arrivai en sept heures à un endroit de la *nouvelle Hollande*, qui est au Sud-Oüest. Cela me confirma dans une opinion que j'avois depuis long-temps, sçavoir, que les Mappemondes & les Cartes placent ce païs, au moins trois degrés plus à l'Est, qu'il n'est réellement. Je crois avoir il y a déja plusieurs années communiqué ma pensée à mon illustre ami Monsieur *Herman Moll*, & lui avoir expliqué mes raisons; mais il a mieux aimé suivre la foule des Auteurs.

Je n'aperçûs point d'habitans à l'endroit où j'avois pris terre, & comme je n'avois point d'armes, je ne voulus pas m'avancer dans le païs. Je ramassai quelques coquillages sur le rivage, que je n'osai faire cuire, de peur que le feu ne me fit découvrir par les habitans de la contrée. Pendant les trois jours que je me tins caché en cet endroit, je ne vécus que d'huitres & de moules, afin de ménager mes petites provisions. Je trouvai heureusement un petit ruisseau dont l'eau étoit excellente.

 Le quatriéme jour, m'étant risqué d'avancer un peu dans les terres, je découvris vingt ou trente habitans du païs sur une hauteur, qui n'étoit pas à plus de cinq cens pas de moi. Ils étoient tous nuds, hommes, femmes & enfans, & se chauffoient autour d'un grand feu. Un deux m'apperçût & me fit remarquer aux autres. Alors cinq de la troupe se détacherent & se mirent en marche de mon côté. Aussi-tôt je me mis à fuïr vers le rivage, je me jettai dans mon cannot, & je ramai de toute ma force. Les Sauvages me suivirent le long du rivage, & comme je n'étois pas fort avancé dans la Mer, ils me décocherent une fléche qui m'atteignit au genou gauche & m'y fît une large blessûre, dont je porte encore aujourd'hui la marque. Je craignis que le dard ne fut empoisonné ; ainsi ayant ramé fortement & m'étant mis hors de la portée du trait, je tâchai de bien sucer ma playe, & ensuite je bandai mon genou comme je pûs.

J'étois extrêmement embarrassé : je n'osois retourner à l'endroit où j'avois été attaqué, & comme j'étois obligé d'aller du côté du Nord, il me falloit toûjours ramer, parce que j'avois le vent de Nord-Oüest. Dans le tems que je jettois les yeux de tous côtés pour faire quelque découverte, j'apperçûs, au Nord-Nord-Est, une voile qui à chaque instant croissoit à mes yeux. Je balançai un peu de temps, si je devois m'avancer vers elle ou non. A la fin, l'horreur que j'avois conçûë pour toute la race des *Yahous* me fit prendre le parti de virer de bord, & de ramer vers le Sud, pour me rendre à cette même Baye d'où j'étois parti le matin, aimant mieux m'exposer à toute sorte de dangers que de vivre avec des *Yahous*. J'aprochai mon cannot, le plus près qu'il me fut possible du rivage, & pour moi je me cachai à quelques pas de là, derriere une petite Roche, qui étoit proche de ce ruisseau dont j'ai parlé.

Le Vaisseau s'avança environ à une demi-lieuë de la Baye, & envoya sa Chalouppe avec des tonneaux pour y faire aiguade. Cet endroit étoit connu & pratiqué souvent par les Voyageurs à cause du Ruisseau. Les Mariniers en prenant terre, virent d'abord mon Cannot, & s'étant mis aussi-tôt à le visiter, ils connurent sans peine que celui à qui il appartenoit n'étoit pas loin. Quatre d'entre eux, bien armez, cherchérent de tous côtés aux environs, & enfin me trouverent couché la face contre terre derriere la roche. Ils furent d'abord surpris de ma figure, de mon habit de peaux de lapins, de mes souliers de bois, & de mes bas fourrés. Ils jugérent que je n'étois pas du païs, où tous les habitans étoient nuds. Un d'eux m'ordonna de me lever, & me demanda

manda en langage Portugais, qui j'étois. Je lui fis une profonde révérence & lui dis dans cette même langue, que j'entendois parfaitement, que j'étois un pauvre *Yahou* banni du païs des *Houyhnhnms*, & que je le conjurois de me laisser aller. Ils furent surpris de m'entendre parler leur langue, & jugerent par la couleur de mon visage que j'étois un Européen ; mais ils ne sçavoient ce que je voulois dire par les mots de *Yahou* & de *Houyhnhnms* ; & ils ne pûrent en même temps s'empêcher de rire de mon accent, qui ressembloit au hannissement d'un cheval.

Je ressentois à leur aspect des mouvemens de crainte & de haine, & je me mettois déja en devoir de leur tourner le dos, & de me rendre dans mon Canot ; lors qu'ils mirent la main sur moi, & m'obligerent de leur dire, de quel païs j'étois, d'où je venois, avec plusieurs autres questions pareilles. Je leur répondis, que j'étois né en Angleterre, d'où j'étois parti il y avoit environ cinq ans, & qu'alors la paix régnoit entre leur païs & le mien. Qu'ainsi j'esperois qu'ils voudroient bien ne me point traiter en ennemi, puisque je ne leur voulois aucun mal, & que j'étois un pauvre *Yahou*, qui cherchoit quelque Isle deserte, où je pusse passer dans la solitude le reste de ma vie infortunée.

Lors qu'ils me parlérent d'abord, je fus saisi d'étonnement, & je crus voir un prodige. Cela me paroissoit aussi extraordinaire, que si j'entendois aujourd'hui un chien ou une vache parler en Angleterre. Ils me répondirent avec toute l'humanité & toute la politesse possible, que je ne m'affligeasse point, & qu'ils étoient sûrs que leur Capitaine voudroit bien me prendre sur son Bord, & me mener gratis à Lisbonne, d'où je pourrois passer en Angleterre: que deux d'entr'eux iroient dans un moment trouver le Capitaine, pour l'informer de ce qu'ils avoient vû, & recevoir ses ordres: mais qu'en même tems, à moins que je ne leur donnasse ma parole de ne point m'enfuïr, ils alloient me lier. Je leur dis qu'ils feroient de moi tout ce qu'ils jugeroient à propos.

Ils avoient bien envie de sçavoir mon histoire & mes avantures, mais je leur donnai peu de satisfaction, & tous conclurent que mes malheurs m'avoient troublé l'esprit. Au bout de deux heures, la chaloupe, qui étoit allée porter de l'eau douce au Vaisseau, revint avec ordre de m'amener incessamment à bord. Je me jettai à genoux, pour prier qu'on me laissât aller, & qu'on voulut bien ne point me ravir ma liberté : mais ce fut en vain ; je fus lié & mis dans la chaloupe, & dans cet état conduit à bord & dans la chambre du Capitaine.

Il s'appelloit *Pedro de Mendez*, & étoit un homme très-genereux &très-poli. Il me pria d'abord de lui dire qui j'étois, & ensuite me demanda ce que je voulois boire & manger : Il m'assûra que je serois traité comme lui-même, & me dit enfin des choses si obligeantes, que j'étois tout étonné de trouver tant de bonté dans un *Yahou*. J'avois néanmoins un air sombre, morne & fâché, & je ne répondis autre chose à toutes ses honnêtetés, sinon que j'avois à manger dans mon Cannot. Mais il ordonna qu'on me servit un poulet, & qu'on me fit boire d'un vin excellent, & en attendant il me fit donner un bon lit dans une chambre fort commode. Lorsque j'y eus été conduit, je ne voulus point me deshabiller, & je me jettai sur le lit dans l'état où j'étois. Au bout d'une demie heure, tandis que tout l'équipage étoit à dîner, je m'échapai de ma chambre, dans le dessein de me jetter dans la Mer, & de me sauver à la nage, afin de n'être point obligé de vivre avec des *Yahous*. Mais je fus prévenu par un des Mariniers, & le Capitaine ayant été informé de ma tentative, ordonna de m'enfermer dans ma chambre.

Après le dîner, *D. Pedro* vint me trouver & voulut sçavoir quel motif m'avoit porté à former l'entreprise d'un homme desesperé. Il m'assûra en même-tems qu'il n'avoit envie que de me faire plaisir, & me parla d'une maniere si touchante & si persuasive, que je commençai à le regarder comme un animal un peu raisonnable. Je lui racontai en peu de mots l'histoire de mon voyage, la révolte de mon équipage dans un Vaisseau dont j'étois Capitaine, & la résolution qu'ils avoient prise de me laisser sur un rivage inconnu : je lui appris que j'avois passé trois ans parmi les *Houyhnhnms*, qui étoient des Chevaux parlans & des animaux raisonnans & raisonnables. Le Capitaine prit tout cela pour des visions & des mensonges, ce qui me choqua extrêmement. Je lui dis que j'avois oublié à mentir, depuis que j'avois quitté les *Yahous* d'Europe ; que chés les *Houyhnhnms* on ne mentoit point, non pas même les enfans & les valets : qu'au surplus il croiroit ce qu'il lui plairoit, mais que j'étois prêt à répondre à toutes les difficultés qu'il pourroit m'opposer, & que je me flâtois de lui pouvoir faire connoître la verité.

Le Capitaine, homme sensé, après m'avoir fait plusieurs autres questions, pour voir si je ne me couperois pas dans mes discours, & avoir vû que tout ce que je disois étoit juste, & que toutes les parties de mon histoire se raportoient les unes aux autres, commença à avoir un peu meilleure opinion de ma sincerité ; d'autant plus qu'il m'avoüa qu'il s'étoit autrefois rencontré avec un Matelot Hollandois, lequel lui avoit dit qu'il avoit pris terre avec cinq autres de ses camarades à une certaine Isle ou Continent, au Sud de la *Nouvelle Hollande*, où ils avoient moüillé pour faire aiguade ; qu'ils avoient apperçû un cheval chassant devant lui un troupeau d'animaux parfaitement ressemblans à ceux que je lui avois décrits, & ausquels je donnois le nom de *Yahous*, avec plusieurs autres particularités, que le Capitaine me dit qu'il avoit oubliées, & dont il s'étoit mis alors peu en peine de charger sa memoire, les regardant comme des mensonges.

Il m'ajoûta, que puisque je faisois profession d'un si grand attachement à la Verité, il vouloit que je lui donnasse ma parole d'honneur de rester avec lui pendant tout le voyage, sans songer à attenter sur ma vie; qu'autrement il m'enfermeroit, jusqu'à ce qu'il fut arrivé à Lisbonne. Je lui promis ce qu'il exigeoit de moy; mais je lui protestai en même tems que je souffrirois plûtôt les traitemens les plus fâcheux, que de consentir jamais à retourner parmi les *Yahous* de mon païs.

Il ne se passa rien de remarquable pendant nôtre voyage. Pour témoigner au Capitaine combien j'étois sensible à ses honnêtetés, je m'entretenois quelquefois avec lui, par reconnoissance, lors qu'il me prioit instamment de lui parler; & je tâchois alors de lui cacher ma misanthropie, & mon aversion pour tout le Genre humain. Il m'échapoit néanmoins de tems en tems quelques traits mordans & satyriques, qu'il prenoit en galant homme, ou auxquels il ne faisoit pas semblant de prendre garde. Mais je passois la plus grande partie du jour seul &

isolé dans ma chambre, & je ne voulois parler à aucun de l'équipage. Tel étoit l'état de mon cerveau, que mon commerce avec les *Houyhnhnms* avoit rempli d'idées sublimes & Philosophiques. J'étois dominé par une Misanthropie insurmontable : semblable à ces sombres Esprits, à ces farouches Solitaires, à ces Censeurs méditatifs, qui sans avoir frequenté les *Houyhnhnms*, se piquent de connoître à fond le caractere des hommes, & d'avoir un souverain mépris pour l'Humanité.

Le Capitaine me pressa plusieurs fois de mettre bas mes peaux de lapins & m'offrit de me prêter de quoi m'habiller de pié en cape ; mais je le remerciai de ses offres, ayant horreur de mettre sur mon corps ce qui avoit été à l'usage d'un *Yahou*. Je lui permis seulement de me prêter deux chemises blanches, qui ayant été bien lavées, pouvoient ne me point souiller. Je les mettois tour à tour de deux jours l'un, & j'avois soin de les laver moi-même.

Nous arrivâmes à Lisbonne le 5. de Novembre 1715. Le Capitaine me força alors de prendre ses habits pour empêcher la canaille de nous huer dans les ruës. Il me conduisit à sa maison, & voulut que je demeurasse chés lui pendant mon séjour en cette Ville. Je le priai instamment de me loger au quatriéme étage, dans un endroit écarté, où je n'eusse commerce avec qui que ce fut. Je lui demandai aussi la grace de ne dire à personne ce que je lui avois raconté de mon séjour parmi les *Houyhnhnms*, parce que si mon histoire étoit sçûë, je serois bien-tôt accablé des visites d'une infinité de Curieux, & ce qu'il y a de pis, je serois peut-être brûlé par l'Inquisition.

Le Capitaine, qui n'étoit point marié, n'avoit que trois domestiques, dont l'un qui m'apportoit à manger dans ma chambre, avoit de si bonnes manieres à mon égard, & me paroissoit avoir tant de bon sens pour un *Yahou*, que sa compagnie ne me déplût point : il gagna sur moi de me faire mettre de tems en tems la tête à une lucarne pour prendre l'air; ensuite il me persuada de descendre à l'étage d'au-dessous, & de coucher dans une chambre, dont la fenêtre donnoit sur la ruë. Il me fit regarder par cette fenêtre; mais au commencement je retirois ma tête aussi-tôt que je l'avois avancée: le peuple me blessoit la vûë. Je m'y accoûtumai pourtant peu à peu. Huit jours après il me fit descendre à un étage encore plus bas: enfin il triompha si bien de ma foiblesse, qu'il m'engagea à venir m'asseoir à la porte, pour regarder les passans, & ensuite à l'accompagner quelquefois dans les ruës.

D. *Pedro* à qui j'avois expliqué l'état de ma famille & de mes affaires, me dit un jour que j'étois obligé en honneur & en conscience de rétourner en mon païs, & de vivre dans ma maison avec ma femme & mes enfans. Il m'avertit en même tems, qu'il y avoit dans le Port un Vaisseau prêt à faire voile pour l'Angleterre, & m'assûra qu'il me

urniroit tout ce qui me seroit né-
essaire pour mon voyage. Je lui
pposai plusieurs raisons, qui me
étournoient de vouloir jamais al-
r demeurer dans mon païs, & qui
'avoient fait prendre la résolution
e chercher quelque Isle deserte,
our y finir mes jours. Il me repli-
ua que cette Isle, que je voulois
hercher, étoit une chimere, & que
e trouverois des hommes par tout :
u'au contraire, lorsque je serois
hés moi, j'y serois le maître, &
ourrois y être aussi solitaire, qu'il
e plairoit.

Je me rendis à la fin, ne pouvant
mieux faire ; j'étois d'ailleurs devenu un peu moins sauvage. Je
quittai Lisbonne le 24. de Novembre, & m'embarquai dans un vaisseau marchand. *D. Pedro* m'accom-
pagna jusqu'au Port, & eut l'honnêteté de me prêter la valeur de
vingt livres sterlings. Durant ce
voïage, je n'eus aucun commerce
avec le Capitaine, ni avec aucun
des Passagers, & je pretextai une
maladie, pour pouvoir toûjours res-

ter dans ma chambre. Le 5. de Décembre 1715. nous jettâmes l'ancre aux *Dunes* environ fur les neuf heures du matin, & à trois heures après midi, j'arrivai à *Rotherhith* en bonne fanté, & me rendis au logis.

Ma femme & toute ma famille, en me revoyant, me témoignerent leur furprife & leur joye : comme ils m'avoient crû mort, ils s'abandonnerent à des tranfports que je ne puis exprimer. Je les embraffai tous affés froidement, à caufe de l'idée d'*Yahou*, qui n'étoit pas encore fortie de mon efprit ; & pour cette raifon je ne voulus point d'abord coucher avec ma femme.

Le premier argent que j'eus, je l'employai à acheter deux jeunes Chevaux, pour lefquels je fis bâtir une fort belle écurie, & aufquels je donnai un Palfrenier du premier mérite, que je fis mon favori & mon confident. L'odeur de l'écurie me charmoit, & j'y paffois tous les jours quatre heures à parler à mes chers Chevaux, qui me rapelloient le fouvenir des vertueux *Houyhnhnms*.

Dans le temps que j'écris cette Relation, il y a cinq ans que je suis de retour de mon dernier voyage, & que je vis retiré chés moi. La premiere année je souffris avec peine la vûë de ma femme & de mes enfans, & ne pûs presque gagner sur moi de manger avec eux. Mes idées changérent dans la suite, & aujourd'hui je suis un homme ordinaire, quoi que toûjours un peu Misantrope.

CHAPITRE XII.

Invective de l'Auteur contre les Voyageurs, qui mentent dans leurs Relations. Il justifie la sienne. Ce qu'il pense de la Conquête qu'on voudroit faire des Païs qu'il a decouverts.

JE vous ai donné, mon cher Lecteur, une histoire complette de mes Voyages pendant l'espace de seize ans & sept mois ; & dans cette Relation, j'ai moins cherché à être elegant & fleuri, qu'à être vrai & sincére. Peut-être que vous prenés pour des Contes, & des fables tout ce que je vous ai raconté, & que vous n'y trouvés pas la moindre vrai-semblance ; mais je ne me suis point appliqué à chercher des tours séduisans pour farder mes recits, & vous les rendre croïables. Si vous ne me croïez pas, prenés vous en à vous-même de vôtre incrédulité. Pour moi qui n'ai aucun genie pour a Fiction, & qui ai une imagination très-froide, j'ai rapporté les faits avec une simplicité, qui devroit vous guérir de vos doutes.

Il nous est aisé à nous autres Voyageurs, qui allons dans des païs où presque personne ne va, de faire des descriptions surprenantes de quadrupedes, de serpens, d'oiseaux & de poissons extraordinaires & rares. Mais à quoi cela sert-il ? Le principal but d'un Voyageur, qui publie la relation de ses Voyages, ne doit-ce pas être de rendre les hommes de son païs meilleurs & plus sages, & de leur proposer des exemples étrangers, soit en bien, soit en mal, pour les exciter à pratiquer la vertu & à fuir le vice ? C'est ce que je me suis proposé dans cet Ouvrage, & je crois qu'on doit m'en sçavoir bon gré.

Je voudrois de tout mon cœur, qu'il fut ordonné par une Loi, qu'avant qu'aucun Voyageur publiât la Relation de ses Voyages, il jureroit & feroit serment, en presence du *Lord Grand-Chancelier*, que tout ce qu'il va faire imprimer, est exactement vrai, ou du moins qu'il le croit tel. Le Monde ne seroit peut-être pas trompé, comme il l'est tous les jours. Je donne d'avance mon suffrage pour cette loi, & je consens que mon ouvrage ne soit imprimé, qu'après qu'elle aura été dressée.

J'ai parcouru dans ma jeunesse un grand nombre de Relations, avec un plaisir infini. Mais depuis que j'ai presque fait le tour du monde, & que j'ai vû les choses de mes yeux & par moi-même, je n'ai plus de goût pour cette sorte de Lecture: j'aime mieux lire des Romans. Je souhaitte que mon Lecteur pense comme moi.

Mais amis ayant jugé, que la Relation que j'ai écrite de mes voyages, avoit un certain air de vérité qui plairoit au Public, je me suis livré à leurs conseils, & j'ai consenti à l'Impression. Helas! j'ai eu bien des malheurs dans ma vie, mais je n'ai jamais eu celui d'être

tre enclin au Mensonge,

> * *Nec si miserum Fortuna Sinonem*
> *Finxit, vanum etiam mendacemque improba finget.*

Je sçai qu'il n'y a pas beaucoup d'honneur à publier des voyages; que cela ne demande ni science, ni genie, & qu'il suffit d'avoir une bonne memoire, ou d'avoir tenu un Journal exact : je sçai aussi que les faiseurs de Relations ressemblent aux faiseurs de Dictionnaires, & sont au bout d'un certain temps éclipsés & comme anéantis, par une foule d'Ecrivains posterieurs, qui répétent tout ce qu'ils ont dit, & y ajoûtent des choses nouvelles. Il m'arrivera peut-être la même chose : des Voyageurs iront dans les païs où j'ai été, encheriront sur mes descriptions, feront tomber mon Livre, & peut-être oublier que j'aïe jamais écrit. Je regarde-

* *Virg. Æneïd. l. 2.*

rois cela comme une vraïe mortification, ſi j'écrivois pour la gloire; mais comme j'écris pour l'utilité du public, je m'en ſoucie peu, & ſuis préparé à tout événement.

Je voudrois bien qu'on s'aviſât de cenſurer mon Ouvrage. En vérité que peut-on dire à un Voyageur qui décrit des païs, où nôtre Commerce n'eſt aucunement interreſſé, & où il n'y a aucun rapport à nos Manufactures? J'ai écrit ſans paſſion, ſans eſprit de parti & ſans vouloir bleſſer perſonne. J'ai écrit pour une fin très-noble, qui eſt l'inſtruction generale du Genre-humain. J'ai écrit ſans aucune vûë d'interêt ou de vanité : en ſorte que les Obſervateurs, les Examinateurs, les Critiques, les Flatteurs, les Chicaneurs, les Timides, les Politiques, les Petits-genies, les Patelins, les eſprits les plus difficiles & les plus injuſtes, n'auront rien à me dire, & ne trouveront point occaſion d'exercer leur odieux talent.

J'avouë qu'on ma fait entendre, que j'aurois dû d'abord, comme bon Sujet & bon Anglois, préfenter au Secretaire d'Etat, à mon retour, un Memoire inftructif, touchant mes découvertes; vû que toutes les terres qu'un Sujet découvre, appartiennent de droit à la Couronne. Mais en vérité je doute que la conquête des païs dont il s'agit, foit auffi aifée que celle que Ferdinand Cortez fit autrefois d'une contrée de l'Amérique, où les Efpagnols maffacrérent tant de pauvres Indiens nuds & fans armes. Premierement à l'égard du Païs de *Lilliput*, il eft clair que la conquête n'en vaut pas la peine, & que nous n'en retirerions pas de quoi nous rembourfer des frais d'une Flotte & d'une Armée. Je demande s'il y auroit de la prudence, à aller attaquer les *Brobdingnagiens*; il feroit beau voir une armée Angloife faire une defcente en ce païs-là. Seroit elle fort contente, fi on l'envoyoit dans une contrée, où l'on a toûjours une Ifle aërienne fur la tête, toute prête à écrafer les Rebelles, & à plus forte raifon les Ennemis du dehors qui voudroient s'emparer de cet empire ? Il est vrai que le Païs des *Houyhnhnms* paroît une conquête assés aisée. Ces Peuples ignorent le métier de la guerre, ils ne sçavent ce que c'est qu'armes blanches & armes à feu. Cependant si j'étois Ministre d'Etat, je ne serois point d'humeur de faire une pareille entreprise. Leur haute prudence & leur parfaite unanimité font des armes terribles. Imaginés-vous, d'ailleurs, cent mille *Houyhnhnms* en fureur, se jettant sur une armée Européenne. Quel carnage ne feroient-ils pas avec leurs dents; & combien de têtes & d'estomacs ne briseroient-ils pas avec leurs formidables piés de derriere ? Certes il n'y a point de *Houyhnhnm* auquel on ne puisse appliquer ce qu'Horace a dit de l'Empereur Auguste,

——————*Recalcitrat undique tutus.*

Mais loin de songer à conquerir leur païs, je voudrois plûtôt qu'on les engageât à nous envoyer quelques-uns de leur nation pour civiliser la nôtre, c'est-à-dire pour la rendre vertueuse & plus raisonnable.

Une autre raison m'empêche d'opiner pour la conquête de ce Païs, & de croire qu'il soit à propos d'augmenter les Domaines de Sa Majesté Britannique de mes heureuses découvertes. C'est qu'à dire le vrai, la maniere dont on prend possession d'un nouveau Païs découvert, me cause quelques legers scrupules. Par exemple, * une troupe de Pyrates est poussée par la tempête, je ne sçai où. Un Mousse du haut du Perroquet, découvre terre: les voila aussitôt à singler de ce côté-là. Ils abordent, ils descendent sur le rivage; ils voyent un Peuple desarmé qui les reçoit bien. Aussi-tôt ils donnent un nouveau nom à cette terre, & en prennent possession au nom de leur Chef. Ils élevent un Monument qui atteste à la posterité cette belle action. Ensuite ils se mettent à tuer deux ou trois douzaines de ces pauvres Indiens, & ont la bonté

* Allusion à la conquête du *Mexique* par les Espagnols, qui exercerent des cruautés inoüies à l'égard des Naturels du païs.

d'en épargner une douzaine qu'ils renvoyent à leurs huttes. Voila proprement l'acte de possession qui commence à fonder le *Droit divin*. On envoye bien-tôt après d'autres Vaisseaux en ce même païs, pour exterminer le plus grand nombre des Naturels : on met les chefs à la torture pour les contraindre à livrer leurs thresors : on exerce par conscience tous les actes les plus barbares & les plus inhumains ; on teint la terre du sang de ses infortunés Habitans. Enfin cette execrable troupe de Bourreaux, employée à cette pieuse expedition, est une *Colonie* envoyée dans un païs barbare & idolâtre, pour le civiliser & le convertir.

J'avouë que ce que je dis ici ne regarde point la Nation Angloise, qui dans la fondation des Colonies a toûjours fait éclater sa sagesse & sa justice, & qui peut sur cet article servir aujourd'hui d'exemple à toute l'Europe. On sçait quel est nôtre zele pour faire connoître la Religion Chrétienne dans les païs nouvellement découverts & heureusement envahis; que pour y faire pratiquer les Loix du Christianisme, nous avons soin d'y envoyer des Pasteurs très-pieux & très-édifians, des hommes de bonnes mœurs & de bon exemple, des femmes & des filles irréprochables & d'une vertu très-bien éprouvée; de braves Officiers, des Juges integres, & sur tout des Gouverneurs d'une probité reconnuë, qui font consister leur bonheur dans celui des Habitans du païs, qui n'y exercent aucune tyrannie, qui n'ont ni avarice, ni ambition, ni cupidité, mais seulement beaucoup de zele pour la gloire & les interêts du Roy leur Maître.

Au reste, quel interêt aurions-nous à vouloir nous emparer des Païs dont j'ai fait la description? Quel avantage retirerions-nous de la peine d'enchaîner & de tuer les Naturels? Il n'y a dans ces païs-là, ni Mines d'or & d'argent, ni sucre, ni tabac. Ils ne meritent donc pas de devenir l'objet de nôtre ardeur martiale, & de nôtre zele religieux, ni que nous leur fassions l'honneur de les conquerir.

Si néanmoins la Cour en juge autrement, je declare que je suis prêt d'attester, quand on m'interterrogera judiriquement, qu'avant moi nul Européen n'avoit mis le pié dans ces mêmes contrées : je prens à témoins les Naturels, dont la déposition doit faire foi. Il est vrai qu'on peut chicanner, par rapport à ces deux *Yahous* dont j'ai parlé, & qui selon la tradition des *Houyhnhnms*, parurent autrefois sur une montagne & sont depuis devenus la tige de tous les *Yahous* de ce Païs-là. Mais il n'est pas difficile de prouver que ces deux anciens *Yahous* étoient natifs d'Angleterre : certains traits de leurs descendans, certaines inclinations, certaines manieres le font préjuger. Au surplus je laisse aux Docteurs en matiere de Colonies, à discuter cet article & à examiner, s'il ne fonde pas un titre clair & incontestable, pour le droit de la Grande-Bretagne.

Après avoir ainsi satisfait à la seule objection qu'on me peut faire au sujet de mes Voyages, je prens enfin

fin congé de l'honnête Lecteur, qui m'a fait l'honneur de vouloir bien voïager avec moi dans ce Livre, & je retourne à mon petit jardin de *Redriff*, pour m'y livrer à mes speculations philosophiques.

APPROBATION.

J'AI lû par ordre de Monseigneur le Garde des Sceaux, *Les Voyages de Gulliver*, traduits de l'Anglois, & je crois qu'on en peut permettre l'impression. A Paris, ce 4. Mars 1727.
LANCELOT.

PRIVILEGE DU ROY.

LOUIS par la grace de Dieu Roy de France & de Navarre, à nos amés & feaux Conseillers les Gens tenans nos Cours de Parlement, Maîtres des Requêtes ordinaires de nôtre Hôtel, Grand Conseil Prevost de Paris, Baillifs, Sénéchaux, leurs Lieutenans Civils & autres nos Justiciers qu'il appartiendra, SALUT. Nôtre bien amé HYPOLITE-LOUIS GUERIN Libraire à Paris, Nous ayant fait remontrer qu'il lui auroit été mis en main un Manuscrit, qui a pour titre, *Les Voyages de Gulliver*, qu'il souhaiteroit faire imprimer & donner au Public, s'il Nous plaisoit lui accorder nos Lettres de Privilege sur ce nécessaires ; offrant pour cet éfet de le faire imprimer en bon papier & en beaux caracteres, suivant la feüille imprimée & attachée pour modele sous le contrescel des Presentes. A ces Causes, voulant traiter favorablement ledit Exposant, Nous lui avons permis & permettons par ces Presentes de faire imprimer ledit Livre ci-dessus specifié, en un ou plusieurs Volumes, conjointement ou séparément, & autant de fois que bon lui semblera, sur papier & caractere conformes à ladite feüille imprimée & attachée pour modele sous nôtredit contrescel, & de le vendre, faire vendre, & debiter par tout nôtre Royaume, pendant le temps de huit années consecutives, à compter du jour de la datte desdites Presentes ; faisons défenses à toutes personnes, de quelque qualité & condition qu'elles soient, d'en introduire d'impression étrangere dans aucun lieu de nôtre obéïssance ; comme aussi, à tous Libraires-Imprimeurs & autres, d'imprimer faire imprimer, vendre, debiter, ni contrefaire ledit Livre, en tout ni en partie, ni d'en faire aucuns Extraits, sous quelque prétexte que ce soit d'augmentation, correction, changement de titre ou autrement, sans la permission expresse & par écrit dudit Exposant, ou de ceux qui auront droit de lui, à peine de confiscation des Exemplaires contrefaits, de quinze cens livres d'amende, contre chacun des Contrevenans, dont un tiers à Nous, un tiers à l'Hôtel-Dieu de Paris, l'autre tiers audit Exposant, & de tous dépens, dommages & interêts ; à la charge que ces Presentes seront enregistrées tout au long sur le Registre de la Communauté des Libraires & Imprimeurs de Paris, dans trois mois de la datte d'icelles ; que l'impression de ce Livre sera faite dans nôtre Royaume, & non ailleurs, & que l'Impétrant se conformera en tout aux Reglemens de la Librairie, & notamment à celui du dixiéme Avril 1725. & qu'ayant que de l'exposer en vente, le Manuscrit ou Imprimé qui aura servi de copie à l'impression dudit Livre, sera remis dans le même état où l'Approbation y aura été donnée ès mains de nôtre très-cher & feal Chevalier Garde des Sceaux de France, le Sieur Fleurian d'Armenonville, Commandeur de nos Ordres, & qu'il en sera ensuite remis deux Exemplaires dans nôtre Bibliotheque publique ; un dans celle de nôtre Château du Louvre ; & un dans celle de nôtredit très-cher & feal Chevalier Garde des Sceaux de France le Sieur Fleurian d'Armenonville, Commandeur de nos Ordres ; le tout à peine de nullité des Presentes : Du contenu desquelles vous Mandons & Enjoignons de faire joüir l'Exposant ou ses ayans cause, pleinement & paisiblement, sans souffrir qu'il leur soit fait aucun trouble ou empêchemens : Voulons que la Copie desdites Presentes, qui sera imprimée tout au long au commencement ou à la fin dudit Livre, soit tenüe pour düement signifiée, & qu'aux Copies collationnées par l'un de nos amés & feaux Conseillers & Secretaires foi soit ajoûtée comme à l'Original ; Commandons au premier nôtre Huissier ou

B b ij

Sergent, de faire pour l'execution d'icelles tous Actes requis & nécessaires, sans demander autre permission, & nonobstant Clameur de Haro, Charte Normande, & Lettres à ce contraires : CAR tel est nôtre plaisir. DONNE' à Paris, le vingtiéme jour du mois de Mars, l'an de grace mil sept cens vingt-sept, & de nôtre Regne le douziéme ; Par le Roy, en son Conseil. Signé, SAINSON.

J'ai fait part du présent Privilege aux Sieurs Gabriel Martin & Jacques Guerin. A Paris, ce 21. Mars 1727. H. L. GUERIN.

Regiſtré, enſemble la Ceſſion ſur le Regiſtre VI. de la Chambre Royale des Libraires & Imprimeurs de Paris N°. 599. fol. 480. conformément aux anciens Reglemens confirmés par celui du 28. Février 1723. A Paris, le 21. Mars 1727. Signé, BRUNET, Sindic.

ERRATA.

Tome I.

Pag. 1. de la Préface ligne 3. *Irlandois*, lisez *Anglois*.
Pag. 29. lign. 8. *contentement*, lisez *consentement*.
Pag. 155. lig. 21. *entre*, lisez *entrer*.
Pag. 159. lig. 5. effacés *à la maison*.
Pag. 176. lig. 13. *habitent*, lisez *habite*.

Tome II,

Pag. 45. lig. 7. effacez *au*.
Pag. 104. lig. 10. *prié*, lisez *priée*.
Pag. 106. lig. 1. *augmentoit*, lisez *augmentoit*. Lig. 4. *il n'étoit*, lisés *ils n'étoient*.

www.ingramcontent.com/pod-product-compliance
Lightning Source LLC
Chambersburg PA
CBHW071604170426
43196CB00033B/1783